世纪波
Century Wave

企业创新升级力

组织、产品及商业空间升级方法与案例

汤历漫◎著

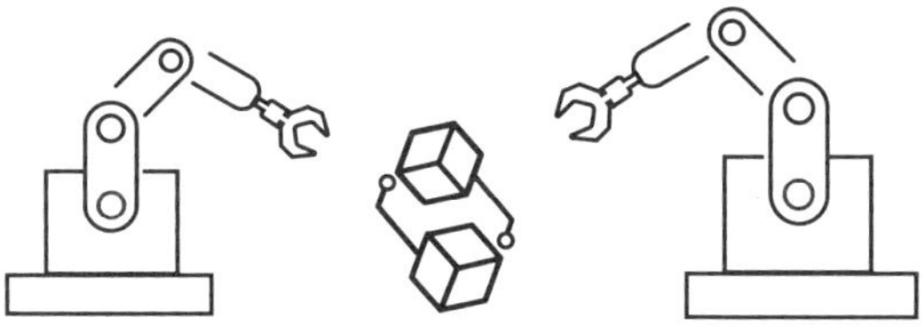

INNOVATION AND UPGRADING POWER OF ENTERPRISES

電子工業出版社
Publishing House of Electronics Industry
北京 · BEIJING

图书在版编目（CIP）数据

企业创新升级力：组织、产品及商业空间升级方法与案例 / 汤历漫著. —北京：电子工业出版社，2020.7

ISBN 978-7-121-39062-3

Ⅰ. ①企… Ⅱ. ①汤… Ⅲ. ①企业创新—研究 Ⅳ. ①F273.1

中国版本图书馆 CIP 数据核字（2020）第 095843 号

责任编辑：王　斌　　　　特约编辑：田学清
印　　刷：三河市双峰印刷装订有限公司
装　　订：三河市双峰印刷装订有限公司
出版发行：电子工业出版社
　　　　　北京市海淀区万寿路 173 信箱　　　邮编：100036
开　　本：720×1000　1/16　印张：16　　字数：185.6 千字
版　　次：2020 年 7 月第 1 版
印　　次：2020 年 7 月第 1 次印刷
定　　价：65.00 元

凡所购买电子工业出版社图书有缺损问题，请向购买书店调换。若书店售缺，请与本社发行部联系。联系及邮购电话：（010）88254888，88258888。

质量投诉请发邮件至 zlts@phei.com.cn，盗版侵权举报请发邮件至 dbqq@phei.com.cn。

本书咨询联系方式：（010）88254199，sjb@phei.com.cn。

推 荐 语

在新市场环境下，企业创新升级在于提升企业的信息化共享沟通能力与敏捷化反应能力。中软国际于2018年在北京总部成立了创新中心，旨在打通高层管理人员与业务执行部门之间的信息通道，强化沟通，推进公司信息扁平化；同时，通过创新中心对项目交付团队赋能，让公司的发展方向与业务更紧密结合，提升业务部门协同交付服务的敏捷性，进而提升客户服务产出的效率。

企业创新升级模式很多，如数字化转型、中台赋能机制等，但企业要盘点自身资源，结合自身特点，分析自身优势及面临的机会和挑战，用实践摸索出适合本企业的创新升级模式。希望本书能够给正在面对企业组织、产品及商业空间创新升级的企业带来一些启发。

——中软国际创新中心创新倡导者 陈昊

HRBP下沉到业务条线中，作为人力资源部与业务部门之间的沟通桥梁，充分发挥其职能，帮助业务部门设定人力资源的工作目标和计划，为他们提供专业的人力资源解决方案。泡泡英语HRBP

为公司的发展做出了很大的贡献。在为团队纳新工作方面，HRBP会充分了解业务并梳理现有人员结构，根据业务条线对人员的需求，协助招聘急需人员；在提升现有人员整体绩效工作方面，HRBP通过与员工对话了解其培训需求，并开通更适合业务人员的人才发展通道。HRBP根据效能级别可以分为三个层次：初级HRBP，其能够协助人力资源部基于业务人员需求进行招聘、培训及绩效管理；中级HRBP，其能够参与业务人员需求规划，协助公司组织战略在本业务条线的落地；高级HRBP，其能够协助业务部门制定本业务条线的组织发展战略与执行方案，与业务部门共同确定业务发展方向。

本书提出的组织创新方法论及案例，如HRBP、中台赋能及平台组织等，符合我国企业组织创新升级的趋势，具有重要的参考意义。

——泡泡英语HRBP 韩锐

如今，为了应对变幻莫测的市场环境与形势，越来越多的企业认识到应该对企业进行多维度的协同创新，从组织、产品到商业空间，需要采取一系列精准的、连贯的创新举措，这样在严峻的市场竞争中才能找到属于自己的生态位，并为整个产业链贡献自己的价值，从而实现更好的发展。只强调产品创新不能完全适应市场的发展需求，这样的创新往往没有强大的生命力。企业创新活动是一个有机过程，我们既需要面对市场多元化的需求，通过产品创新满足客户需求以实现价值创造，也需要建立一套与时俱进的组织、商业空间体系，还可能需要在政策、法规、文化观念及基础设施上进行协同创新。以无人驾驶行业为例，无人驾驶集成了多项前沿科技成果，但是要想在市场中生机勃勃地发展下去，还需要通过多维度的协同创新让产品在市场中发挥价值。只有这样，才能适应市场的变化与需求，这也符合技术与组织演化的规律。

市场上关于企业创新的书籍很多，但是真正能系统地指导企业创新的好书并不多。这主要是因为多数书籍缺少大规模创新案例的样本统计、深刻的本质规律分析，以及整个创新过程的真实、完整记录。本书通过企业组织、产品及商业空间创新升级的案例，还原出各个企业制定创新升级策略时的市场环境与决策过程，呈现出可遵循的创新升级基本规律，同时注意到商业世界的复杂变化，指出理论规律的局限性。总体来讲，本书是一本比较实用的企业创新升级指导用书。

——驭势科技（北京）有限公司首席生态创新官 邱巍

联合办公空间产业未来所打造的新办公空间创新升级模式，涵盖了前期选址、设计、施工，以及后期运营、维护等多样化、全周期办公服务，其商业运作模式从“联合办公”升级为“综合办公服务+新型资产管理”，为用户提供更好的办公体验，增强用户黏性，提升用户价值转化。

企业商业空间的创新升级是近年来许多企业积极探索的一个重要课题。本书围绕企业组织、产品及商业空间的创新升级策略，列举翔实的案例，对企业各方面的创新升级具有一定的启发意义。

——氪空间杭州城市合伙人 薛亮

在互联网时代，企业无论是要适应新的市场、新的商业环境，还是要转型发展，都需要不断创新。真正的创新要瞄准消费者，要紧盯市场需求，无论是新产品的研发，还是工艺的改进，或是管理架构的调整，都必须找到切实的、符合市场需求的创新模式，不能想当然，不能闭门造车。一些企业文必见“创新”、言必称“创新”、行必举“创新”，或许大多是有名无实的“伪创新”。

本书为读者提供了一些企业成功创新升级的案例，各自有其值得深思和借鉴之处。

——新华网经营管理办公室高级主管 何晓

创新并不一定是全新创造，更有可能是企业基于原有方法和经验进行调整。我们在管理过程中，非常注重的两个元素是目标和计划，目标指引方向，计划落地执行，通过不断调整，提高整体的工作效率。注重细节，点面结合，相得益彰，这也是企业的创新升级。

企业创新升级既要注重方法创新，又要注重创新升级举措的落地执行；企业创新升级是大方向，但落地执行是基石。本书可为企业在创新升级的实施上提供参考。

——森云（天津）科技有限公司销售总监 彭瑞祥

企业创新需要贯穿整个企业经营生命周期。企业创新战略的核心是寻找企业的差异化竞争力，这是企业创新结果的直接体现；而持续的企业创新会形成核心竞争力，构建起企业战略的“护城河”。

本书聚焦企业组织、产品及商业空间的创新升级方法论与案例分析。方法论符合当下企业发展趋势，案例分析客观且通俗有趣，对各行业及处于不同发展阶段的企业创新升级具有参考价值。

——北京华环国际项目管理有限公司董事长 范彩虹

企业必须围绕客户的痛点来进行创新升级。企业在进行创新升级时首先要找到客户的痛点，了解客户的需求，然后通过对组织的敏捷调整、产品的升级迭代、商业空间的变更，来满足客户的需求，实现企业价值。

本书以企业在组织、产品与商业空间上的创新升级项目案例为主，不讲大道理，实战干货满满，为各行业企业创新升级落地提供了参考。

——交易门主编 李春晓

企业的发展需要不断自我改进和迭代，即企业需要以“创新”来推动发展，而创新方式又难觅统一规则，不能完全采用“拿来主义”。企业既需要指引发展方向方面的战略创新，也需要战术策略及每项工作的创新以支撑战略创新。事实证明，照搬照抄创新理论和他人的创新方法，不能满足企业个性化的创新需求，企业需要结合自身实际摸索出适合自己的创新升级模式。

本书作者从企业组织、产品及商业空间切入，结合自身在企业创新咨询实践方面的经验引入不少案例，并进行了客观的分析，值得企业人深入阅读，对企业找寻属于自身的独特创新升级方法有一定的借鉴意义。

——东方龙脊（北京）科技发展有限公司副总裁 吴晓磊

前 言

中国的快速发展离不开创新。世界知识产权组织发布的2019年全球创新指数显示，中国的排名继续攀升，从2016年的第26位升至2019年的第14位，是前30名成员中唯一的中等收入经济体。[①]在创新指标方面，中国进步显著，发明专利、工业设计、原创商标、高科技出口及创意产品出口等指标名列前茅。在国务院发布的国家中长期科学和技术发展规划纲要中，把建设创新型国家作为战略目标，正式提出发展九大战略性新兴产业的计划。战略性新兴产业包括新一代信息技术产业、高端装备制造产业、新材料产业、生物产业、新能源汽车产业、新能源产业、节能环保产业、数字创意产业、相关服务业等九大领域。截至2018年上半年，战略性新兴产业工业和服务业增速高于全国整体增速30%，持续引领经济增长。2008年至2017年，中国战略性新兴产业增长平均每年带动GDP增长超过1个百分点，增长贡献度接近20%，有力支撑了经济发展稳中向好、稳中有进[②]。

① 2019年全球创新指数. 世界知识产权组织，2019.

② 张洁. 战略性新兴产业带动中国GDP年均增长超1个百分点. 第一财经，2018-11-28. https://www.yicai.com/news/100068239.html.

如今，中国企业面临着更复杂的市场环境，战略性新兴产业带来机遇的同时，也对企业经营的创新提出了更多挑战。为了顺应竞品增多、客户需求多元化、营销推广场景化等新趋势，不少企业纷纷开始将满足客户需求作为企业经营活动的核心，加快企业创新升级的步伐，以实现提升企业经营价值的目标。

企业创新升级的切入点主要包括三个方面：组织、产品和商业空间。虽然中国企业在这三个方面已取得较大进步，但是仍存在很大优化空间。组织人才是支撑企业创新升级的关键，组织管理是组织协同改进、组织敏捷性提升及效率转化的基础保障。企业产品创新升级总方向为：从规模化量产过渡到垂直细分消费多元化需求的满足，同时利用层出不穷的新兴前沿技术来提升产品功能，别出心裁地通过跨界合作等方式打破产品边界，以吸引客户购买产品。**本书将商业空间定义为企业陈列、展示与销售产品的线上线下渠道及空间。**商业空间创新升级是指利用各种创新策略或科技手段，提升与客户的交互性、创造更多个性化消费场景等。

基于对企业创新升级工作的观察、参与，结合自身在企业创新咨询方面的工作实践，作者尝试提出企业“组织+产品+商业空间”的创新升级策略，并对未来一段时期企业在组织、产品及商业空间上的创新升级典型方法论及案例进行了系统梳理。通过这些努力，作者希望能帮助更多的企业应对新的市场环境和客户需求的多元变化，让更多的企业科学地实现企业运营战略、运营模式和获客策略的创新，在充满不确定性和激烈竞争的商业环境中，依然能够保持企业客户数和利润量的持续增长，这也是写作本书的初衷。**本书适合各行业的企业创新团队和企业的业务拓展、品牌市场及客户服务相关人士，以及初创企业的相关人士阅读。**

在内容安排上，本书按照总分提纲展开编写；在内容编写上，本书具有较强的系统性、实践性、参考性。本书共有 4 章。第 1 章为理论部分，此章先展示企业发展正在面对或将要面对的市场新环境，说明企业在组织、产品及商业空间上进行创新升级的必要性，再总结出本书的理论核心：企业“组织+产品+商业空间”创新升级力模型。第 2、3、4 章分别围绕企业组织、产品、商业空间的创新升级主题展开。为了增强本书的实用性、提升本书的参考意义，在第 2、3、4 章通过大量案例来体现企业在组织、产品及商业空间的典型创新升级策略，并基于企业创新咨询的视角，在每个案例后做了简明扼要的案例分析；同时，在每章最后一节，基于过往实践经验、访谈及资料搜集，作者分别总结了企业组织、产品及商业空间创新升级中易陷入的典型误区，并提供了跨越误区的思路，提升了本书在企业开展创新升级过程中的参考意义。此外，本书在每章后都有一幅作者原创的漫画插图；漫画插图设计可爱，内容紧扣各章主题、诙谐生动、有实际参考价值，很好地提升了本书的趣味性。

总而言之，本书具有案例丰富、数据翔实、图表丰富、趣味性和可读性强等特点。本书从调研、策划、构思、撰写到出版，历时 18 个月。为了追求内容质量上的可借鉴性与实用性，作者花费了大量的时间与精力，在企业创新升级案例的选择与内容编写上，反复修改、精益求精，力求站在本书面向的读者的角度去思考，希望读者通过阅读本书，能够切实获得企业创新升级的灵感与思路。

由于篇幅有限，本书仅筛选了一批具有较强代表性的企业创新升级方法论与案例。此外，市场与客户需求日益多变，企业需要将“组织+产品+商业空间”的创新升级思路与自身的资源、优势融合起来，在以满足客户需求为核心的基础上，灵活地制定各项创新升级落地方案。人类的企业管理智慧是在持续变化的，本书介绍的创新升级方法论与案例有朝一日也会被新内容所取代。但是，立足当下，本书肯定是一本充满了作者诚意的书，欢迎大家在阅读后与作者交流更多企业创新升级的建议、策略与案例。

由于作者水平有限，书中难免存在疏漏和不足之处，恳请广大同行和读者批评指正。如果大家在阅读过程中有疑问，可以发送邮件至 liman_tang@126.com 与作者交流探讨。

在此，衷心感谢电子工业出版社的编辑为本书的出版给予的支持和帮助，同时向在本书创作过程中给予支持的企业及相关人士致以诚挚的谢意！

最后，祝愿每一位阅读本书的朋友都能在各自的企业管理与运营中，使组织、产品及商业空间的创新升级策略实践落地，实现企业价值提升和发展目标，让企业走上持续发展之路！

汤历漫

目　录

第 1 章　刻不容缓：企业创新升级

1.1　道路维艰：企业创新升级的三大挑战

从 2018 年开始，全球经济面临更多复杂多变的因素。在国家政策和新兴技术的推动下，中国经济稳中有进，传统企业持续创新升级。中国战略性新兴产业市场方兴未艾，将在未来很长一段时间内，创造中国企业与市场经济新的增长动力。另外，市场变化日趋多元化、行业产品竞争加剧、客户需求更加多变，也让新旧企业不得不顺应新的市场环境和客户需求，以突破挑战。我国企业目前主要面临以下三个挑战。

挑战 1：行业市场竞争加剧，产品同质化日趋严重，产品创新升级压力增加

不管是传统行业还是新兴行业，都面临着行业市场竞争加剧、产品同质化日趋严重及产品创新升级压力增加的局面。

先看传统行业，为了适应新的经济发展形势，传统行业亟待在产品上创新，以开发新市场及实现原有市场新增长。同时，企业产品也需要顺应客户消费需求不断升级的趋势，向个性定制化方向过渡发展。以汽车行业为例，2005—2010 年，是汽车行业的高速增长期。汽车行业在政策引导下，已有品牌产能大幅度增长，新的自主及合资品牌不断涌现，汽车产量增速达到 20%以上。从 2017 年开始，汽车行业产能增长放缓，燃油车销售受限、新能源车销售仍处于起步期。汽车厂商销售业务遇冷，销量呈下降趋势。从 2018 年年中开始，我国汽车零售额开始出现负增长。同时，新技术的发展对于汽车行业具有强大的联动效应。例如，人工智能、大数据、5G、物联网技术的兴起，助推车企向“电动化、网联化、智能化、共享化”创新转型。未来，伴随着新能源汽车逐步被市场认可、新技术相互融合协同，市场将迎来二次增长期①。

再看新兴行业，为了打造新动能、开发新市场，我国围绕人工智能、生物医药、智能制造、数字经济等领域，超前布局未来前沿产业，培养出一批新的行业。企业要抓住国家重点发展新兴行业的政策机遇，借助前沿技术的力量，对自身产品创新升级并开发新产品，以实现新增长。然而，企业进入新兴行业领域也面临着应用市场有限、同质化竞争严重及技术壁垒不足等挑战。以“AI（人工智能）+医疗影像”行业为例，作为人工智能应用方向之一的计算机视觉（即用摄影机和电脑代替人眼对目标图像进行识别、跟踪和测量，并进一步用电脑处理图像，使之成为更适合人眼观察或传送给仪器检测的图像）是人工智能的一个技术概念热点。近年来，计算机视觉技术迅速崛起，广泛应用在安防、金融、医疗、教育等行业

① 中国汽车行业风险分析报告 2019. 德勤，2019.

中。从 2015 年起，国内涌现出一批 AI 图像识别产品研发企业。在资本的加持下，众多 AI 辅助影像诊断产品闯入人们的视野，阿里巴巴、腾讯等互联网科技巨头也争相发布“AI+影像”云端智能产品作为切入“AI+医疗”的突破口；传统医疗器械巨头在人工智能技术发展浪潮当中，也顺应市场发展趋势，选择拥抱新兴技术，以增强产品竞争力。数据显示，2013—2018 年我国人工智能医疗行业融资额整体走高，截至 2018 年第三季度，国内共有 39 家企业披露完成融资，其中 18 家企业披露融资金额，合计约为 26.2 亿元；相比 2017 年同期，在完成融资的企业数量上，同比增长 21.88%；在披露的融资总规模上，同比增长 128.42%[①]。2018 年被称为“医疗 AI”落地之年，全国有上千家三甲医院引入了 AI 产品[②]。在 140 余家从事医疗 AI 的企业中，有近 120 家在做医学影像业务，其中约百家企业的产品主要用于肺部疾病影像智能分析。同质化、“烧钱”现象严重且尚未找到合理的营收模式，成为这个新兴行业的企业产品发展之痛。从 2019 年起，在资本趋于冷静的市场形势下，医疗 AI 产品势必会经历一番“洗牌”。资金储备充足的企业将持续投入，直到将产品投放市场，而资金储备不足的企业将面临很大的生存压力。

对传统企业而言，产品推陈出新是一个必须面对的课题；对新兴企业而言，不但其新产品需要满足客户的新需求，而且在开拓新

① 万亚男. 2018 年中国人工智能医疗市场投融资和行业发展趋势分析. 前瞻产业研究院，2019-03-27.

② 九成医疗 AI 都在做影像，很多熬不过今年. 八点健闻，2019-01-29. https://www.huxiu.com/article/283198.html.

市场时也需要稳扎稳打、步步为营。

挑战 2：市场与客户对企业的敏捷性提出更高要求

在市场不确定性日益增加、客户需求更加多元化的趋势下，企业比以往更加重视客户满意度与客户需求的变化。而敏捷性企业能够快速感知、分析、响应市场与客户的需求并提供对策。因此，越来越多的企业开始思考：如何通过企业创新升级来提升企业的敏捷性。要想提升企业的敏捷性，需要在以下企业经营内容上做出创新升级：企业架构、企业业务协同及输出效率、企业对客户的服务能力及对不可预测因素的应对能力。

对领军企业来说，推动企业创新升级并非易事。领军企业在发展过程中，已经找到了产品与市场的契合点，拥有了相对稳定的客户群体，形成了适宜的分销渠道，实现了营收模式在市场与客户中的推行和获益；同时，在客户交付产品所需要的活动、资源、合作伙伴（制造、知识产权、供应链等）和成本估算上，领军企业也有一整套产品开发和管理的工具，确保能够顺畅地将产品交付到现有客户手里。另外，领军企业中每个人的职位和工作职责分明，因此对企业创新升级的接受度低。这些已经常态化的工作流程、标准、权责，以及长期积累的客户沉淀和收益规模，都会对企业创新升级的意愿产生一定影响。然而，企业在产品市场销量下滑的压力下，不得不面对企业创新升级的问题。某巨头跨国公司的市场份额下滑，如何优化公司内部架构、最大限度减少人员重复劳动以提升工作效率成为该公司面临的挑战。公司对其内部架构进行了调整，按照关键产品品牌和销售区域划分成若干主要产品业务部门，每个部门单独设立一名总裁，在全球主要市场设置销售团队，彼此分开并由专人负责。公司希望通过此次调整，提升组织灵活性，更快速地对市场做出反应。然而，事实证明，这样的公司内部创新升级并未取得好的效果。此次公司内部调整受到了来自管理层、股东、员工等多方面的压力；同时，由于公司体系庞大，这次公司内部调整需要从不同维度和层级进行匹配，整个公司内部创新升级耗时一年多；另外，在调整过程中，不同部门之间还产生了很多利益摩擦，以及诸多沟通、配合不当问题。公司的业绩不升反降，负责推动本次公司内部调整的首席执行官也提出离职。

另一方面，对于初创的或处于成长期的中小型企业，进行适应企业发展战略的创新升级也很重要。中小型企业为了跟上市场迅速发展的步伐，需要以动态化的组织管理模式来应对市场、适应企业成长的各种需求。某公司在发展过程中，经历了四次创新升级：一是成立初期的基础生产及营销系统的分部门成立；二是将品控独立设为新的职能；三是成立事业部；四是后期的组织架构重组。每一次创新升级都推动了公司快速成长，进而使其从小公司发展成行业领军企业。

无论是领军企业还是中小型企业，都离不开企业创新升级；对企业进行创新升级能使企业更好地适应市场客户与自身的发展需要。

挑战 3：互联网带给企业的流量红利减弱

如今，企业依托互联网人口红利而获取企业流量红利的发展策略面临着创新升级挑战。人口红利是指国家适龄劳动人口占总人口比重较大，相对抚养成本较低，为经济发展创造了有利的人口条件。随着互联网的飞速发展，行业内出现了“互联网人口红利”的提法。互联网人口红利是指由于互联网客户持续快速增多，企业可以用较低的成本快速获取客户的关注流量，而其中的一部分客户会转化为实际购买企业产品的付费客户，从而实现企业的营收增长。

互联网飞速发展经历了两个阶段——电脑互联网阶段和移动互联网阶段。在电脑互联网阶段，客户一般通过家庭台式电脑、笔记本电脑登录、浏览企业线上网站及论坛。企业通过优化官方网站吸引客户关注其产品并购买。随着科学技术的发展，智能手机产品逐渐普及，移动支付手段也得到升级，截至 2018 年 6 月，我国手机网民规模达 7.88 亿人，网民中使用手机上网人群占比达 98.3%①。使用移动设备上网已成为人们上网的主要方式。据统计，2018 年中国人口总数约为 13.90 亿人，而使用手机上网的人数为 7.88 亿人，这意味着理论上仍约有 6 亿人没有接触移动互联网。分析暂未接触移动互联网的人群，可以看到其主要是由老龄群体、幼儿群体和贫困群体组成的。企业要为这些群体创造移动互联网的上网条件、培养这些群体的上网习惯，需要投入大量资金。一般来说，企业选择互联网的主要原因是线上获取客户的单位成本较低，而创造上网条件和培养客户的上网习惯会大幅度增加企业的获客成本，因此企业对开发上述暂未接触移动互联网的人群的能动性不足。

另一方面，随着移动互联网的普及，客户接收的产品信息日益透明化，移动互联网获客竞争日益激烈，从而直接导致企业在互联

① 中国互联网络发展状况统计报告. 中国互联网络信息中心，2018

网中的获客成本增加。假设企业线上获客成本是企业投入线上营销费用与线上平台经营成本总额除以企业线上平台新增客户数。根据财报测算，2018 年京东线上获客成本为 1503 元，2016 年这一数字为 142 元[①]。仅仅两年时间，京东线上获客成本增加了近 10 倍。相比之下，阿里巴巴 2018 年的线上获客成本为 390 元，尽管比两年前的线上获客成本（526 元）有所下降，但也明显高于 2015 年的线上获客成本（166 元）。

在存量客户中，企业获得人口红利的方法是创造新的获客场景和提供精细化的客户维护服务。一个新的消费场景会带动客户新的需求，从而促进客户产生新的消费。创造新的场景可以产生更多的可消费点，对商家来说是激活存量业务的性价比较高的方法。而提供精细化的客户维护服务，能够尽可能地满足客户更多元化的需求，也能够让客户对企业的黏性增加。客户的注意力停留在企业上的时间越长，产生消费的可能性就越大。

因此，企业应在线上线下（Online To Offline，O2O）商业空间构建上不断进行创新升级，以突破现状、找到新的生存发展之路。

1.2 创新升级：企业创新升级力模型

创新，已成为中国发展新阶段的主要动力和关键特征。著名经济学家熊彼特认为：创新是研制或引进新产品，是运用新技术，是

① 陆一夫，等. 电商获客新变局：博弈拼购、新零售与下沉市场. 新京报，2019-06-13.

开辟新市场，是采用新原料或原材料的新供给，是建立新的组织形式。创新是实现经济有效增长的关键，中国已将创新摆在国家发展全局的核心位置。

为了满足客户日益多元化的需求、应对日益激烈的市场竞争、消除市场的不确定性、把握技术趋势机遇，本书提出企业“组织+产品+商业空间”创新升级力的观点（见图 1-1）。企业需要以组织、产品及商业空间为切入端，挖掘企业创新升级力；通过组织、产品及商业空间的协同创新，提升企业的敏捷性，更快输出企业创新绩效。

我们需要看到，企业创新升级，既有单次颠覆性的突破式创新，也有步步为营的渐进式创新。

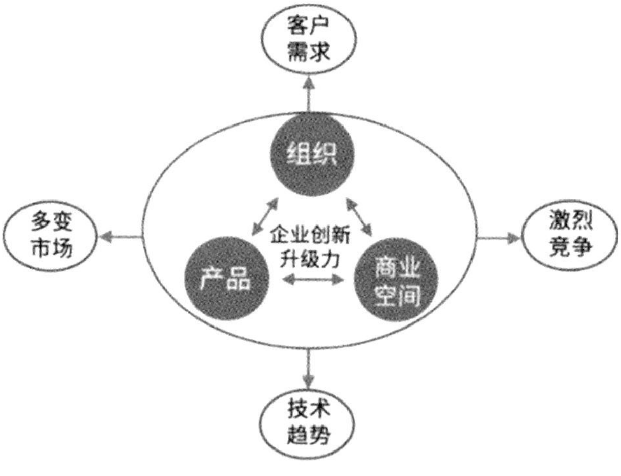

图 1-1　企业“组织+产品+商业空间”创新升级力

突破式创新

企业突破式创新是指对现有技术、产品进行“革命性”的创新，其结果能够较大幅度地提升产品性能或创造全新产品，有可能带来市场及企业所处行业格局的变化。突破式创新企业采用的技术新颖，对行业影响较大，并且能够为企业带来较为长久的绩效增长和持续的竞争优势。

突破式创新要求企业具备突破性的创新思维、开放的心态、对外部环境的变化快速反应的能力，以及能够引领市场及技术创新性变革的能力。要实现突破式创新首先要求企业突破原有的框架与思维，形成突破性的创意与想法。由于知识特有的性质，不同的知识之间能够相互取长补短，并通过彼此之间的相互结合形成全新的知识。企业往往需要采取“头脑风暴”的方式进行不同知识体系的相互沟通，多种思维的碰撞增加了突破式创意产生的概率。此外，在企业形成全新创意并付诸实践的过程中，往往没有既往的经验可供借鉴，这就需要企业不断克服创新过程中遇到的各种困难，最终完成创新目标。人力、物力和财力的大量投入形成了企业创新的机会成本，一旦创新失败，随之而来的便是大量宝贵资源的损失。

产品突破式创新是指企业采用跨时代、变革性的新技术，对现有产品、服务进行创新，较大幅度提升产品性能或推出全新的产品，以满足客户现有需求或潜在需求的一种创新。突破式创新产品带来的效应是：客户被新产品吸引并想要了解与新产品有关的性能，进而接受新产品并对新产品产生购买意愿。

突破式创新适用于新兴行业领域的企业、初创企业及成熟企业中的新产品业务部门。

渐进式创新

渐进式创新是指为了满足主流市场需求，在现有的行业知识技术上对产品或技术进行局部、微小的改进，其创新幅度比较小。渐进式创新的基础是现有的行业知识技术，创新目的是满足主流市场需求。

渐进式创新是基于持续技术的创新，是对企业现有的产品或客户关注的产品（服务）性能方面进行改进；突破式创新是基于突破性技术的创新，远离现有技术轨道。渐进式创新可以使企业保持优势并获取稳定回报；突破性创新则是抢占未来市场的利器，但也意味着高风险和回报的不确定性。

创新能力的培育依赖于企业长期渐进式的改进和知识积累。渐进式创新可以发生在每个改进阶段；同样，各阶段的学习又会促进企业创新能力的提升。当企业的创新知识与能力积累到一定程度，便会达到一个临界点。此时，只要企业内部积聚的渐进式创新足以改变现有技术和市场，就会导致变革性的急剧创新发生。高水平的组织学习与知识转化，或者探索性学习的突破，都能催化急剧创新的发生。

渐进式创新是企业为了更好地满足客户现有需求，对现有产品或技术进行局部的改进或完善。渐进式创新带来的效应是：客户对创新产品产生新的积极情绪、购买及合作意愿。

渐进式创新适用于成熟企业、有多元产品业务体系或复杂组织架构的企业。

突破式创新与渐进式创新的比较，如表 1-1 所示。

表 1-1　突破式创新与渐进式创新的比较

	突破式创新	渐进式创新
企业收益	未来收益，高收益	眼前收益，短期少量收益
企业风险	风险较高	风险较低
企业投入	一次性投入，投入较大	阶段性投入，投入较小
竞争力提升	提升长期竞争力	获得短期竞争优势
对企业的要求	对企业的技术、规模等要求较高	对企业的技术、规模等要求较低
创新壁垒	创新壁垒高，不容易被复制，竞争者没出现前可独占市场	创新壁垒低，容易被复制，随时面临被挤出市场
创新周期	创新周期长	创新周期短
创新频率	一次或少次	实时按需多次

1.3　业绩提升：企业创新升级实践途径

企业创新升级既受企业内部因素影响，又受企业外部因素影响。影响企业创新升级的内部因素包括企业的规模和技术水平，企业家的知识和背景，企业的各项能力（如组织管理能力、利用外部资源的能力、对供应商的整合能力等）等；影响企业创新升级的外部因素包括政策趋势（如补贴、税收、专利审查等），市场环境，金融环境，要素市场，产品市场，行业环境，行业技术水平，行业发展阶段，行业竞争等。

组织创新升级

企业可以通过以下三个途径实现组织创新升级。

途径 1：在组织架构设置上进行创新调整

企业组织架构创新既包括对组织架构中的一个或多个关键要素部门加以设立、调整、升级迭代，也包括对某些纵向层级拓宽管理幅度的创新精简，避免组织信息不对称及信息传递周期过长，使组织扁平化、信息透明化，提升组织的敏捷性。

详细内容请见本书第 2 章关于“中台赋能”“平台组织”“共建业务”的案例分析。

途径 2：借助数字化和互联网技术的力量

企业组织数字化转型，首先要从企业管理层领导力开始转型和升级，再进行组织转型工作资源积累和数字化人才储备。在做好各项筹备工作之后，由组织团队构建出整个企业信息和数据池战略资产沉淀的平台路径，然后基于平台，进一步开发出一种新的业务增长模式，助力企业快速成长。

详细内容请见本书第 2 章关于“数字管理”的案例分析。

途径 3：挖掘人力资源职能对业务推进的潜力

企业将人力资源部门从原有的负责人员需求和供给、招聘和培训、激励实施工作，创新升级为能够根据组织发展总战略及组织发展战略目标，洞察组织内外市场环境变化，预测未来组织任务和环境对组织的要求，以及为完成这些任务和满足这些需求而对人员需求、供给情况进行预测，并完成人员储备和调整工作，以更好地适应企业的业务发展。

详细内容请见本书第 2 章关于“战略融合”“业务伙伴”的案例分析。

产品创新升级

企业可以通过以下四个途径实现产品创新升级。

途径 1：采用新技术，为客户提供新的价值或大幅度降低客户的使用成本

产品创新既源于市场需求变化，也源于市场对企业的产品技术需求。产品技术创新活动以市场需求为出发点，通过技术改善、创造新产品或跨越技术壁垒，大幅度降低客户的使用成本，进一步满足客户需求或开辟新的市场。

详细内容请见本书第 3 章关于“流量转化”“激活场景”“把握风口”的案例分析。

途径 2：改变所在行业的市场游戏规则

企业通过对市场发展趋势和客户需求关键性转变的前瞻性预测，找到一种可以改变常规游戏规则的方法，创造出别具一格的新产品或新产品运作商业模式，使企业产品领先于竞争者，进而使企业能够灵活应对客户的新需求。从而在新需求或新市场出现时，企业能够把握时机、捷足先登，实现产品销量突破。

详细内容请见本书第 3 章关于“构建生态”“组合出击”的案例分析。

途径 3：加强或延伸现有的产品线

产品线是指企业为了满足市场需求而组成的关系接近的产品系列组合。企业可以通过以下三个维度加强或延伸现有的产品线：增加、修改或剔除产品线中某个或某些产品项目；扩展、填充现有产品线中缺失的产品项目；将产品系列项目组合优化、共同打包推向市场。通过调整产品线，能够增强产品线中产品项目的一致性，进而适应客户更加多元化的需求、增强企业的市场地位、发挥和提升企业在专业维度上的影响力。

详细内容请见本书第 3 章关于“放飞想象”“传承经典”的案例分析。

途径 4：创造新的客户消费场景

企业通过深入剖析现有产品功能特性、深度洞察产品客户的细分需求，在消费升级的趋势下，将产品营销模式向精准化、场景化转型，根据不同场景对产品进行差异化定位，通过产品自身迭代升级、跨界合作推出限量版产品等方式，将产品消费场景精准地触达产品客户，以推动产品销量新增长。

详细内容请见本书第 3 章关于“独处满足”“活力再造”“凸显自我”的案例分析。

商业空间创新升级

企业可以通过以下四个途径实现商业空间创新升级。

途径 1：整体区域定位创新

商业空间创新应从点、线、网等不同尺度来归类和整合，结合企业产品定位和营销策略对空间的要求，在商业空间规划和设计上进行相应调整。在规划商业空间时，应注意如何在体现对客户的人性化关怀和客户需求满足上取胜，创造贴近客户画像和产品消费场景的商业空间。在设计商业空间时，需要预留可供灵活操作的弹性空间，以应对营销落地过程中发生在商业空间的随机事件。

详细内容请见本书第 4 章关于“生活美学”“让人迷路”“极简主义”的案例分析。

途径 2：多样性商业空间

商业空间创新需要实现功能和空间维度的多样性，将企业各个产品的优点进行放大，使客户能够充分地感受到产品亮点。商业空间能够保证功能的多样性，也意味着服务及客户选择、体验的多样性。多样性商业空间将吸引大量人群聚集，提升企业商业空间的魅力。

详细内容请见本书第 4 章关于“稀缺营销”“沉浸娱乐”“内涵丰富”的案例分析。

途径 3：客户多元化参与

商业空间创新需要从客户需求角度出发，为客户提供完善的引导、展示、接触和消费服务。商业空间创新需要强调产品客户的意志，将客户的需求融入商业空间设计初期，设计出满足客户需要的、体现界面友好的多元化和多样性的合理商业空间。

详细内容请见本书第 4 章关于“传承创新”“人气汇集”“悬疑解密”的案例分析。

途径 4：社交氛围营造

企业在进行商业空间创新时要认识到商业空间属于公共空间，人与人的交互是公共空间的载体，多样的商业空间交流活动是商业空间发展活力的源泉。产品客户在商业空间中会产生哪些集体或个人活动，以及如何调动产品客户在商业空间中发生社交活动的积极性，是需要企业在商业空间创新设计期就要考虑的重要问题。企业要努力使产品客户的参与性真正融入到商业生活中，增进客户与活动、活动与空间的互动性，营造出友好的商业氛围。

详细内容请见本书第 4 章关于“另辟蹊径”“注重细节”的案例分析。

关于企业“组织+产品+商业空间”创新升级如何协同推进落地，下面以一个企业案例来进行说明。

某白酒企业新推出一款白酒产品，在产品创新上，公司并没有在被白酒行业视为根本的“老字号”“百年传承”“纯粮酿造”等称号上与其他白酒产品进行差异化竞争，而是针对年轻客户画像，另辟蹊径，开发了“表达瓶”白酒包装。“表达瓶”上的印刷文案，围绕忘记、今天与明天、爱情、见面、年轻、自由、想念、陌生人等话题展开。“表达瓶”的拍摄背景选择的是富有故事感的生活场景，而且虚化的背景更能凸显“表达瓶”的走心文案。同时，该产品的外观和内涵也融入了白酒的传统价值元素，包括价格、产地、原料、酿造工艺、口味，以及营销中突出的历史传统文化。这些价值元素是决定白酒产品价值约定俗成的关键要素。

在组织创新上，产品的成功离不开营销团队，为了避免出现伪创新经营，企业创办人特意建立了一支年轻化的运营团队，负责这款白酒的主要宣传渠道——微博、微信、抖音等的运营团队成员多为“85 后”，甚至是“90 后”。

在商业空间创新上，企业以该款白酒为核心，精心打造了“小酒馆全国行”项目，在全国多座城市搭建“小酒馆”，掀起白酒加饮料的混饮潮流。小酒馆内设置的复古巴士、缤纷混饮与充满科技感的蓝白布景墙相映成趣。小酒馆吸引了众多年轻人报名参与，他们在活动中不自觉地举起手机，记录下有趣的现场场景。目前，该项目已经在国内巡回了 30 多座城市。在小酒馆里，不仅有将该款白酒加上各种常见软饮的“混饮”产品供参与者免费领取，更有以“Say No”等能够引起年轻人共鸣的话题为空间活动的主题，为年轻人创建了一个释放情绪、以酒会友的平台。此项目让更多的人了解到，该款白酒卖的不仅是酒，更是以小酒馆为平台，为都市年轻人打造的抽离日常的“额外”生活空间。这款白酒自诞生以来，通过百度、微博、微信、抖音等线上工具，形成了一套完整的传播体系，并且持之以恒地做产品年轻化营销，才有了超过 10 亿元人民币的年销售额。

从这个案例中我们可以看到，企业推出新产品，同时离不开核心营销团队、品牌营销商业空间及传播渠道的创新升级。在这个案例中，企业推出了一款快消白酒新产品，产品本身的技术壁垒不高，市场竞争激烈，产品同质化严重。为了实现这款白酒的销售目标，企业以组建新的年轻营销团队、搭建并全国推广小酒馆为创新升级的主要策略，促进该产品快速打开知名度，实现销量快速增长。用企业“组织+产品+商业空间”创新升级力模型分析，如图 1-2 所示。

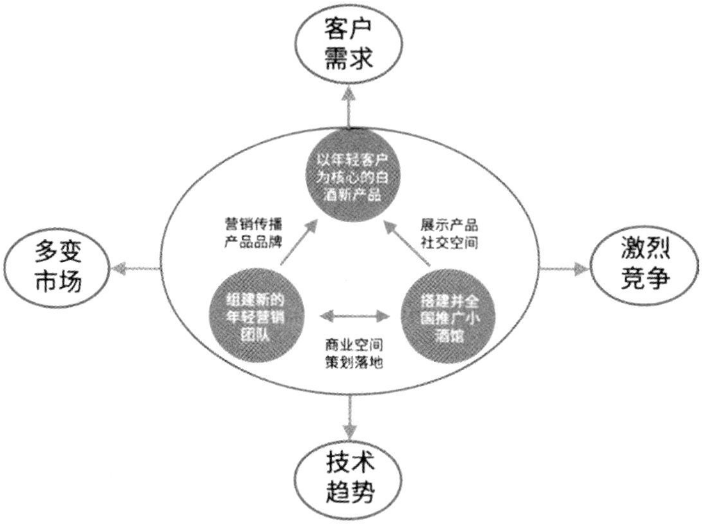

图 1-2 某白酒企业以产品创新为核心的企业创新升级策略

漫说创新：企业创新升级力模型

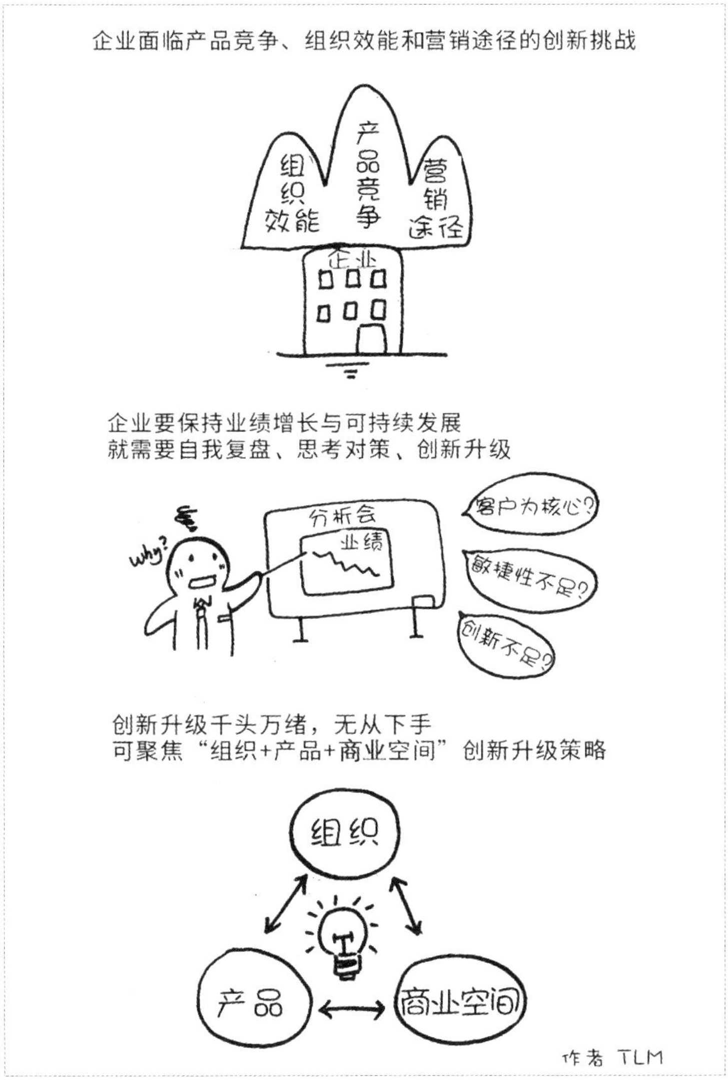

第 2 章　以人为本：企业组织创新升级力

2.1　战略融合：闪迪公司的战略人力资源管理机制

战略人力资源管理是一种于20世纪80年代中后期由西方学者提出的组织管理理论。经过大量企业的管理实践论证，该理论被认为是一种能够让企业维持长期可持续竞争优势的管理方法论。战略人力资源管理的核心内涵是企业为了实现目标，所采取的一系列有战略意义、有计划的人力资源部署与管理行为。战略人力资源管理能够支持企业总战略的实施。

闪迪公司（SanDisk）是全球最大的闪速数据存储卡（闪存卡）产品供应商，公司创立于 1988 年，总部设在美国加利福尼亚州的苗必达市。作为闪存卡生产、销售与存储解决方案的领导者，闪迪公司拥有全球大约三分之一的市场份额。整个集团先后推出多系列的产品，在产品的自身坚固性、速度及性能方面采取突破式创新，持续研发出新技术与新产品。1995 年 11 月，闪迪公司公开上市。2016 年 5 月，世界另外一家硬盘制造巨头西部数据正式宣布完成对闪迪公司的并购，并购价格约为 160 亿美元。

2006 年年底，闪迪公司在中国上海设立了首家制造工厂，工厂建筑面积为 3.4 万平方米，主要负责设计、开发、生产、测试和配送闪速存储器产品。工厂每天能够完成组装 300 万枚晶粒以及多晶粒封装的工作。被并购前，闪迪公司拥有 3500 多名员工，员工职能包括研发、生产、人力资源等类别。闪迪（中国）公司借助本土优势，与联想、华为等企业达成合作。

闪迪（中国）公司在战略人力资源管理上，主要开展了以下工作。

（1）全员内推职位。公司定期向全员公开招聘职位，鼓励内部推荐。内推成功后，公司还会向推荐人发放相应奖励。各部门也会定期开展内部会议，表彰有突出贡献或创新成果的员工。这些员工能拿到奖金并能获得个人评价加分，甚至能得到提拔的机会。

（2）鼓励员工创新。公司鼓励员工创新，并设立了员工创新奖项。仅 2014 年下半年，全球员工一共向总公司提交了 47 个创新项目，包含流程创新、技术创新和产品创新三个类别，其中 10 个项目在可行性、有用性和新颖性上突破了员工个人或项目团队的工作领域限制，获得高额创新奖金。

（3）自主设计培训计划。公司规定每位员工都要设计自己的年度培训目标与计划；同时，公司内部设有培训部门，培养了各个领域的培训师。培训部门面对不同阶段或职级的员工设计相应的培训计划，定期为员工提供各种培训资源和机会。

（4）将创新相关指标加入绩效考核中。公司在各个部门设计各自的绩效考核指标：研发部门的工作本身包含创新，在绩效考核中会直接体现创新的相关指标；生产部门员工的绩效体现在产量方面，其指标会反映出创新情况；创新指标也会间接反映在人力资源等职能部门及企业的价值观中。

（5）设立创新委员会及其团队。公司定期举办创新大赛，对员工提交的创新奖项申请进行季度性审核、评估与奖励，并在公司内部进行宣传。公司认为创新奖项的设立是一种投资，能够为公司带来多个益处。公司将创新能力视为员工能力的重要体现，可以看出创新是公司的核心价值观。

此外，公司将创新写进了公司相关章程。创新奖励是面向全体员工的季度性奖励制度，对创新性工作的评估标准设定为：公司有能力实施、有助于公司经营绩效提升、公司内部之前没有出现过或使用过并且非提出创新工作人员分内工作范围的新想法。所有员工都可以申请创新奖励，提交的申请报告可以涉及改进产品、改进生产工作流程、提出新市场方法、提高工作效率等内容。

【案例分析】

作为一种组织管理方法论的升级，战略人力资源管理与传统人力资源管理的区别主要体现在以下三个方面。

第一，战略人力资源管理比传统人力资源管理更具有战略性和前瞻性。战略人力资源管理将传统人力资源管理的职能予以扩大提升，从行政事务性工作或组织职能工作，转为以客户、业务为导向的人力资源规划、开发、利用与管理体系的构建与实施工作。通过战略人力资源管理系统的建设与实施，构建企业的核心竞争力，从而增强企业的竞争优势。

第二，战略人力资源管理将人力资源视为企业的资源与资产，传统人力资源将人力资源视为企业的运营成本和费用开支。战略人力资源管理提出人力资产的概念，其认为对员工的挖掘、培训、激励等都是对企业资产的一种投资，可通过对员工的有效管理，实现企业价值提升。

第三，战略人力资源管理通过对人力招聘和职位设计进行优化，确定企业人员配置的最优方案，减少人员投入的浪费。人力资源部门通过科学设计薪酬、培训和考核体系，实现员工对企业价值贡献的最大化；同时将员工个人发展与企业发展联系起来，满足员工自我提升和职业发展的需要，将员工的培训开发、职位论调及晋升等纳入战略人力资源管理体系中。

战略人力资源管理就是将人力资源管理与企业经营战略联系起来，通过人力资源管理活动的计划与实施，帮助企业实现战略与业务发展目标。企业要实现战略人力资源管理，应做到以下四个方面。

（1）匹配公司经营管理战略招聘组建团队。战略人力资源管理强调人力资源与组织战略相契合，既包括与组织战略在人力资源规划、组织能力提升方向、组织协同策略等方面的融合，也包括与人力资源管理系统内各模块要素之间的融合。

（2）以提高企业绩效为目标导向进行人员管理。战略人力资源管理的目标是实现组织发展，提升企业绩效。体系的建立与实施必须围绕组织发展与企业绩效目标进行，当这些目标发生变化与调整时，战略人力资源管理体系也应进行相应的调整与修正，以保证战略人力资源管理持续有效地推动企业绩效目标的实现。

（3）参与开发人力资源为企业创造价值。战略人力资源管理认为人力资源是企业的首要资源，员工职业能力的提升与企业绩效提升是紧密相连的。因此，企业需要为员工提供尽可能公平的环境及一定的资源条件，赋予适当的工作内容并授予相关权限，制定客观的员工评价制度与激励政策，调动员工的积极性，保证员工能够顺利开展工作，鼓励员工在个人价值实现的基础上提升企业价值。

（4）完善人力资源管理的前瞻性和系统性。战略人力资源管理是一个系统的组织管理体系，包括战略人力资源管理基本理论和目标、战略人力资源规划、职位规划设计、薪酬体系设计、绩效考核体系设计等。其中，战略人力资源规划、职位规划设计、薪酬体系设计、绩效考核体系设计是围绕着战略人力资源管理基本理论和目标开展的核心职能。

这些核心职能既相互独立又紧密联系，组成一个闭环系统，如图 2-1 所示。

图 2-1　战略人力资源管理职能体系

2.2 中台赋能：Supercell 的“部落”组织

Supercell 是一家世界知名的手机游戏开发公司，由 6 名资深游戏开发者在 2010 年创立，公司总部位于芬兰首都赫尔辛基，并在旧金山、东京、首尔和上海设有办公室。Supercell 旗下拥有《部落冲突》《皇室战争》《海岛奇兵》《卡通农场》四款全球现象级产品。2015 年，Supercell 全年销售额为 23.26 亿美元[①]。2016 年，Supercell 的团队规模仅为 180 人，而截至 2016 年 3 月 7 日，Supercell 旗下产品的每日活跃玩家数已突破 1 亿人。仅仅经过 6 年的发展，Supercell 已成为全球最赚钱的手机游戏开发公司之一。2016 年 6 月，腾讯公司宣布收购日本软银集团所持 Supercell 的股份，占股约为 84.3%，这些股份总价预计约为 86 亿美元。腾讯公司这次收购使得公司估值超过了 100 亿美元。这起收购案震惊了全球科技和资本业界，也创造了中国互联网历史上的最高并购案，引发了全球媒体的广泛报道。

近年来，手机游戏市场环境变化莫测，手机游戏制作商的竞争也在加剧。在剧变的市场中依然保持飞速发展的企业，往往并不畏惧剧变，反而主动拥抱变化，并针对市场变化，自身快速做出组织革新。Supercell 可以算得上是企业组织应对快速革新的一个典范。

移动互联网的飞速发展要求企业能更快地接触客户，并且对客

---

① 腾讯 86 亿美元收购 COC 开发商 Supercell84.3%的股权. 腾讯游戏，2016-06-21. https://games.qq.com/a/20160621/051787.htm.

户的需求做出更快的响应。为了适应这种新变化，Supercell 在组织架构上进行了大胆的创新升级——公司将自身的市场、人力、技术等能力综合起来，搭建了一个“共享服务平台”；同时，公司基于不同产品，组建了多个产品开发小组。每个产品开发小组在共享平台提供的基础服务上，形成一款游戏产品并对外输出。每个产品开发小组人数不多，通常为 6、7 人，但在人员配置上，均包含做一款手机游戏需要的所有核心职能和技术人才。这种组织架构使本身不大的 Supercell 被进一步分成若干小组。这样做的好处是可以快速决策、敏捷研发并迅速把研发的手机游戏产品推向市场，而游戏引擎、服务器等后台基础则不需要业务前台产品小组担心，因为这一切可以由“共享服务平台”落地。

不过，如果同一个公司内的产品开发小组太多，那么会出现新的沟通、协同，以及资源对接、分配等问题。针对这个情况，Supercell 组建了类似“部落”的部门。“部落”本身并不直接推出游戏产品，而是开发一些基础设施、内部开发工具和平台，为其他小组提供服务。这些“部落”可以扩展到多个小组，从而确保各个小组向着共同的目标努力。其实，这里的“部落”就是企业现在经常提到的“中台”部门，用来统筹、协调各个小组，提升运营和组织效率，从而高效、低成本地为客户提供服务。

此外，产品开发小组能够如此敏捷地运作，是因为 Supercell 随时准备为“舍弃”一款手机游戏产品而“开香槟庆祝”。不像成熟的手机游戏公司团队由数百名开发人员组成，Supercell 一直保持组织规模的精巧，每个团队由 6、7 人组成，迅速开发游戏，快速验证游戏市场。如果市场表现不佳，公司再快速决策将游戏退市。但根据 Supercell 的规定，在一个产品开发小组中，有权力淘汰某款游戏的人，只能是游戏创意的提出者本人。2012 年 1 月，当时 Supercell 有 5 款游戏处于研发阶段，其中两款孵化成的游戏是后来的代表作游戏《部落冲突》和《卡通农场》，另外三款游戏则被无情地淘汰了。能做到这一点，是因为 Supercell 将“做能玩得久的游戏”的核心价值观坚定地贯彻到底。但在当时经营局面下，公司做出淘汰哪款游戏的决策是很困难的。公司创始人在接受采访时提到决策过程，当时公司面临破产，但公司团队还是勇敢地做出决定，并毅然将目标转战手机游戏市场，最终取得了成功。

将投入了大量财力和精力开发的游戏产品快速、无情地淘汰，会增加公司的短期开发成本，但从长远来看，这种“壮士断腕”机制提高了公司产品开发的质量和成功的概率，也真正实现了 Supercell“做能玩得久的游戏”的核心价值观。精品游戏给公司带来的营收效益是不言而喻的。

Supercell 创建初期，创始人的愿景是有朝一日能够打造出一款比肩《魔兽世界》的全世界现象级游戏，并希望并非仅仅流行一阵子的游戏，而是可以长期吸引游戏玩家玩下去的游戏。要实现这个愿景，公司需要在已经打造并投放市场的爆款游戏中不断创新迭代，顺应玩法的变化推陈出新。以《部落冲突》为例，自 2012 年 10 月推出以来，截至 2017 年年初，这个产品已经更新了 26 次，并且多次都是大幅度的更新。正如 Supercell 创始人接受采访时所说“我们推出一款游戏，这只是一个起点，而不是一个终点”。

在互联网时代，客户逐渐成为商业战场的中心。为了快速响应用户的需求，企业借助“中台赋能前台”的平台化组织架构创新管理模式，可以达到事半功倍的效果。于是，快速响应、探索、挖掘、引领客户需求，逐渐成为企业得以生存和持续发展的关键因素。

【案例分析】

“中台”概念最早是由阿里巴巴提出来的。2015 年，马云带领阿里巴巴高管团队拜访了芬兰游戏公司 Supercell，发现了这家公司在组织管理上的独到之处，即将开发过程中共用、通用的游戏素材和算法整合起来，形成一个个积木式的标准化模块，这些模块能重复使用，使几人的小团队几周就能开发一款新游戏。受 Supercell 游戏开发模式的启发，2015 年年底，阿里巴巴启动了“中台战略”，对组织架构和业务机制层面进行调整，形成“大中台，小前台”的运作模式，取得了空前成功。

如今，企业越来越重视中台的建设、推广，是因为企业在适应新的多元化市场环境和数字化转型过程中，面临以下两个挑战。

挑战 1：传统企业的自上而下金字塔式架构逐渐不适应企业的业务发展需求

传统企业组织架构中的部门及组织层级界限明显，各部门的业务、数据及知识沉淀独立运营，导致互不整合的数据口径不一，无法实现价值的再挖掘与再利用。在企业经营过程中，部门之间的数据与信息缺乏融通，需要部门配合的时候导致部门之间还需要一定时间进行磨合融通，无法快速应对市场变化和实时交易的需求。因此，企业需要一个共享整合的数据信息平台来搜集、整理及统一不同部门的知识信息。

挑战 2：客户个性化的需求需要组织提升业务响应敏捷性

在行业竞争加剧和产品同质化日趋严重的今天，产品市场已由卖方市场转向买方市场，企业需要建立更加灵活的组织管理模式来应对客户需求。这就要求企业从产品策划到生产要快、对客户的个性化需求捕捉要迅速，传统的动辄几个月甚至一年的交付实施周期已无法满足客户的业务需求。

企业在组建中台组织的时候，可以构建线下业务中台与线上数据中台。

（1）线下业务中台是服务于前台业务拓展与实现部门的“智库外脑后备军”。本质上，线下业务中台的目标是总结、提炼及优化企业核心竞争力，并对不同前台业务部门输出这种核心竞争力，助力业务提升。线下业务中台的职能是梳理不同业务前台的共性问题和通用工作流程，总结出标准化业务产品和流程体系，降低业务前台在这些工作上重复投入的人力和物力，提升业务前台拓展业务的敏捷性与业绩转化率。

（2）线上数据中台是服务于前台业务拓展与实现部门的“数据工具武器库”。本质上，线上数据中台的目标是整合不同业务部门的信息和数据，实现数据共享和深度分析，探索数据蕴含的规律，为业务前台的决策赋能。当下企业需要以客户为导向开展业务，线上数据中台可以搜集企业的客户导向数据，梳理客户画像，帮助企业更精确地洞察客户需求，挖掘客户更多的价值，提升企业获取客户的效率，实现企业对客户的精细化管理。

企业应基于自身的核心业务目标和发展阶段，充分发挥企业中台建设的创新性和灵活选择性，随着企业业务的发展及时迭代企业中台组织建设和管理方法。

企业中台组织管理运营模式如图 2-2 所示。

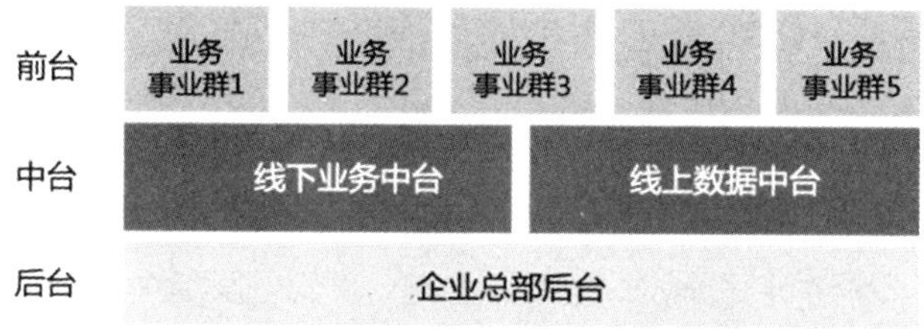

图 2-2　企业中台组织管理运营模式

2.3　数字管理：7-11 的数字服务平台

7-11 于 1927 年在美国得克萨斯州创立，早期公司名字叫南方公司。最初的南方公司是一家在美国各地开设连锁店的制冰公司，这家公司除了出售冰块，还别出心裁地在美国达拉斯市创建了全球第一家便利店，搭配冰块出售冰激凌、牛奶和鸡蛋等商品。1946 年，南方公司将便利店营业时间调整为早上 7 点到晚上 11 点，便利店更名为 7-11。1963 年，7-11 开始 24 小时营业；同年，7-11 在美国各州拥有超过 1000 家门店。

1973 年，日本伊藤洋华堂公司拿下美国 7-11 在日本的特许经营权，并成立 7-11 日本子公司。1987 年，美国南方公司多元化扩张失败，公司面临破产重组。1991 年，日本伊藤洋华堂购买了这家公司 73%的股份，成为美国南方公司的最大股东。1999 年，美国南方公司更名为 7-11。

经过数十年的发展，7-11 已经成为全球规模最大的便利店品牌之一。截至 2019 年 2 月，日本共约有 20900 家 7-11 门店，在除日本外的其他国家，共设有 7-11 门店 47 360 家，除日本外，门店数量排名前三名的国家分别是泰国、韩国、美国[①]。

如今，7-11 已经拥有非常成熟的数字化运营平台系统。7-11 的数字化运营，要追溯到 1978 年。当时，7-11 引入日本电气的订货终端机，对自身的商品进出货数据采集、记录，在门店推广订货终端机标志着 7-11 从人工记录到数字化终端的升级。另外，7-11 在 1982 年从美国引入 POS 系统，成为首个拥有 POS 系统的日本企业。7-11 的客户数据终端采集系统，不仅可以降低人力成本，还可以统计商品售卖数据，形成商品销售画像，清晰地统计、分析客户的商品消费偏好。

在销售数据累积的基础上，7-11 根据天气、节日和各类活动等，预测门店第二天的商品销售情况，以此作为订货依据。第二天营业结束之后，再将当天的商品销售情况与前一天预测的结果进行对比，在此基础上预测第三天的商品销售情况。日复一日，随着样本天数与商品销售数据的增加，对某种商品销量的规模预测准确度逐渐提升，形成了 7-11 独创的店内单品管理模式，即以单个库存量（Stock Keeping Unit，SKU）为单位进行成本与销售业绩管理。7-11 平均单店面积约为 100 平方米，SKU 可达 3000 左右，只有将单品管理做到极致，才能让每一平方米面积都产生效能。7-11 一直致力

① 从 7-Eleven 平台化思维看国内商业发展新思路. 中泰证券，2019-06-02.

于挖掘客户需求，优化商品结构，打造爆款商品，以畅销产品带动其他品类销售，保证高客单价。

7-11 还建立了完整的前、中、后端数字化运营体系。7-11 建立了完整的数据库，对食材的原产地采购、运输和生产过程进行全程控制和追溯，从而保证食品的品质。数字化运营体系覆盖 7-11 总部、地区事务所、线上营销网站、信息中心、制造商、供货商、门店、共同配送中心等部门，使不同部门之间能很好地进行数字交互。

在这样庞大的数据管理体系下，7-11 可以对其直营店及特许经营门店的经营进行标准化和数字化管理，保证每个门店的经营统一性和产品质量的达标，7-11 也得以飞速扩张。根据 2019 年财报，7-11 总收入中特许经营门店的佣金收入占比达 89%，为主要收入来源。7-11 不断发展，采用零售服务商的运营模式，从直营店发展为服务于 B 端加盟商的零售服务平台。

7-11 建立了一个“产业路由器”，能实现多方资源的整合与连接。这个“产业路由器”不是中间商，不赚取进销差价，也不赚取通道费与广告费，而是为加盟店、合作工厂及物流中心提供免费的连接服务。为了高效连接这些利益相关方，7-11 利用多年积累的大量产业链数据和开发的智能算法，对 177 家工厂、157 个配送中心和数万家门店智能配对、智能连接。此外，7-11 利用“产业路由器”的商业模式共享研发、采购、物流、信息平台及金融服务，提升了效率，提高了产品质量，降低了成本，为门店客户提供性价比较高的产品，最后形成 7-11 吸引 B 端加盟商和 C 端自然人客户的核心竞争力。

7-11 的会计业务完全由 IT 系统自动结算，每年大约可以节约 110 亿日元会计人员成本。如果把所有相关结算系统囊括在内，比起用纸张结算的年代，这套无纸化会计系统节省的开支高达 200 多亿日元。除了节约成本，这种方式还可以清晰地收集客户信息，并将其运用到产品开发和产品采购中。

近年来，7-11 在泰国的 1.1 万家门店采用了人脸识别和人工智能行为分析技术，这是迄今为止人脸识别技术在商业上最大规模的应用。人脸识别和人工智能行为分析技术可以识别“忠诚度”高的会员、分析店内流量、监控产品水平、向客户推荐产品，甚至可以观察客户在店内浏览商品时的情绪。据了解，其人脸识别技术准确率超过 96%。

7-11 的宗旨是“关注社区 5 分钟行动圈里的社区便利”，除了售卖商品，7-11 还为人们提供取款、打印及生活费用代缴等服务。便民服务除了有创收的作用，还能为便利店充分引流，增强客户黏性。基于社区群体的需求，7-11 便利店未来还有更多的可能性。

【案例分析】

随着大数据技术的发展，在企业业务日益多元化、精细化和复杂化的趋势下，大数据与业务也在不断融合。企业从简单的业务分析、客户统计，升级为利用大数据技术构建数据平台，提高数据处理效率，更好地将数据与业务进行连接，提升数据的可用性，充分挖掘数据的价值，为企业客户提供更高效的个性化服务。

企业的数字化转型目标是：扫除技术障碍，充分利用企业多年积累的宝贵数据资产；通过挖掘这些数据资产的价值，实现企业对客户需求的快速交付和创新，提升客户体验，并构建企业 O2O 客户价值转化路径。

企业数据平台的搭建主要包括以下四个方面的核心工作。

工作 1：数据平台基础设施搭建

基础设施包括数据平台开发、测试、运维的基本保障，企业需要统一开发环境、标准化研发过程、规范开发输出成果；在开发过程中，企业要打通开发、构建、验证和部署流程，使平台软件处于随时可发布状态；企业还需要对基础平台系统的 IT 运维和业务运营进行全面监控，在开发过程中制定保障基础设施数据安全性的方案。

工作 2：API 和平台架构设计

API（Application Programming Interface，应用程序编程接口）与平台架构的设计应该注重开发者体验。在 API 背后，企业应从业务功能的角度出发，划分合理的平台服务边界。在服务边界之间，为了方便对接各类应用，企业应提供 API 网关作为所有服务使用者的单一入口，并在统一 API 网关入口下处理 IT 平台内部的复杂功能板块。

工作 3：数据采集、处理和使用服务

为了让业务团队和研发团队获得关于生产环境、线上业务和客户反馈，需要先定义数据流水线，使数据能够顺畅地实现收集、转换、存储、探索/预测、可视化等，产生业务价值。企业 IT 团队再进一步把数据包装成能供第三方使用的产品，让第三方从数据中获得数据支持与新的价值。企业对不同的数据客户身份，授权访问不同范围的数据。另外，企业要根据业务目标在数字平台系统中埋设监控点，并及时把监控结果可视化呈现给客户。为了降低实验试错风险，企业把新版本平台客户端正式发给客户之前，要先把产品发给一小部分客户进行测试，避免新版本平台客户端大规模推广时出现重大问题。

工作 4：客户接触与交互设计

企业需要建立对客户和潜在客户的交互界面，并确保交互界面的唯一性、连贯性、准确性及完整性，以便更好地了解客户需求。另外，企业需要结合客户特征和不同数字渠道特征建立连贯的内容策略，在多种渠道（如电脑、智能手机、门店收款终端等）引导客户消费旅程，与客户在正确的时间和地点，以正确的方式产生交互行为。基于从各种渠道获得的客户及其行为的数据分析，可以向客户提供定制化的内容和服务。

企业数字化转型和数据平台的建设并非一步到位的工作。企业需要根据自己的实际情况，制定合理的数字化目标，建立个性化数字平台发展战略，稳步提升企业的数字管理和运营能力。

7-11 数据平台模式如图 2-3 所示。

图 2-3　7-11 数据平台模式

2.4 业务伙伴：辉瑞中国的 HRBP[①]策略

辉瑞公司创立于 1849 年，总部位于美国纽约，是全球知名的以研发为基础的生物制药公司。公司最初的业务是生产精细化学药品，其所生产的第一种医学突破性产品是山道年塔糖——一种好吃的驱虫药。1880 年，辉瑞公司开始利用进口的浓缩柠檬汁和浓缩酸橙汁生产柠檬酸，并于 1919 年成功开发出利用发酵技术大量生产柠檬酸的工艺，该公司被公认为“发酵技术的先驱”。在“二战”期间，辉瑞公司响应美国政府号召，加速生产青霉素。利用深罐发酵技术，辉瑞公司实现了大量生产青霉素的目标。辉瑞公司是当时唯一使用发酵技术生产青霉素的企业，不但产量极大而且生产成本非常低，公司也利用这一机会飞速扩张。20 世纪下半叶，辉瑞公司加强了药物方面的研究，并取得了巨大成功，推出了一系列创新性药物。辉瑞公司于 1951 年成功研发出土霉素，此后的四环素、吡罗昔康等药物的成功研发都为其带来了巨大的经济效益。

1998 年，辉瑞公司研发的西地那非（万艾可）上市，并且获得空前成功。辉瑞公司也因为万艾可在商业上的巨大价值，先后收购了华纳兰伯特公司和法玛西亚公司，成为美国最大的药品生产企业。众多的产品组合、科研开发项目、成熟的非处方药业务，使新辉瑞公司成为强大的具有竞争力的跨国医药公司。

自 20 世纪 80 年代进入中国市场以来，辉瑞公司一直致力于促进中国经济的发展和提高人们的健康水平。1989 年，辉瑞公司在

---

① HRBP：HR Business Partner，人力资源业务合作伙伴。

大连建立了首家现代化制药工厂，此后在无锡建立制药工厂。为了实现在中国的长期发展，辉瑞公司于 1997 年在北京成立了管理中心，2004 年在上海成立了辉瑞投资有限公司。此后，辉瑞公司先后在上海、武汉成立了研发中心。2018 年，辉瑞公司全年的营业收入为 536 亿美元，同比增长 2%，中国市场全年业绩增长超过 20%，是新兴市场迅猛增长的关键因素[①]。在中国市场上，辉瑞公司拥有丰富的、相互补充的产品组合。辉瑞公司迄今已在中国上市了 60 余种创新药物，包括心血管、抗感染、抗炎镇痛、肿瘤、中枢神经、男性健康等多个领域的处方药和疫苗。

辉瑞公司 2018 年财报显示，新任首席执行官阿尔伯特・布尔拉已经着手将公司业务重组为三个全球部门，目的之一便是更好地抓住新兴市场和中国增长带来的机遇。从 2019 年开始，辉瑞陆续建立的三大业务部门为：专注药物创新的 Pfizer Biopharmaceuticals Group、专注品牌非专利药和仿制药业务的 Upjohn、消费者健康（Consumer Healthcare）。其中，Upjohn 总部设立在中国。

辉瑞中国公司（简称辉瑞中国）的组织架构主要由研发、供应、销售、职能部门四大体系构成。职能部门包括财务、法务、人力资源、合规、医学及注册等。销售部门根据产品治疗领域和产品组合细分为创新药物业务，疫苗、肿瘤及消费者保健品业务，成熟产品业务三大事业部。瑞辉中国的人力资源部也由原本的招聘、薪酬、培训和运作四个团队转化为“三个圈”模型，即企业 HR、部门/

---

① 2018 年辉瑞全年的营业收入 536 亿美元，增长 2%. 辉瑞官网，2019-02-01. http://www.pfizer.com.cn/(S(0cm0a055pqalikq0plntlzue))/news/index_cn.aspx.

业务单元 HR 和经理运作支持三大职能体系。

近年来，随着辉瑞中国业务的不断发展，在外有政策波动和竞争对手的强劲威胁，内有合规审计要求日益严格的影响下，辉瑞中国在组织管理上进行了创新性调整，以促进组织结构日趋扁平化，提升组织敏捷性。同时，公司业务领导已经意识到战略人力资源管理对于业务可持续发展的重要意义，特别是如何通过科学合理的人才规划策略不断提升团队的竞争力和凝聚力、修炼内功来突出重围，获得业务的良性发展，已经成为每一名深谋远虑的业务领导必须认真思考的课题。公司和业务部门也对 HR 部门寄予更高的期望，要求 HR 部门在招聘初期，就要结合业务发展需求制定相应的人才策略，并根据不同业务部门在招聘、用人和人力资源能力提升上的不同痛点，量身定制不同的人力资源解决方案。

2009 年年底，辉瑞中国的人力资源架构调整除了采用辉瑞全球人力资源架构“三个圈”模型，还设立了 HRBP 职能。辉瑞中国 HRBP 职能由 4 个团队、12 名业务伙伴经理承担，他们分别负责不同的业务单元和职能部门。根据支持的业务或部门的员工数量，每个业务伙伴团队分别配置 2、3 名业务伙伴。

辉瑞中国业务伙伴经理的主要职责包括：与其所负责部门的领导团队紧密合作，推动 HR 专家中心与 HR 领导层制定的人力资源项目在业务部门中的执行；支持年度人力资源管理流程的实施，包括绩效管理、人才计划、薪酬计划等；协助业务经理处理员工关系及制度规范的执行；参与并推动由并购、组织战略或结构调整带来的变革在业务部门中的实施；推广全球人力资源共享服务中心模式，并针对这一模式对业务经理进行辅导；监控并确保人力资源管理在线系统数据的准确等。

辉瑞中国对担任 HRBP 的人员在核心能力上的要求比担任 HR 的人员高。目前，辉瑞中国对担任 HRBP 人员的核心胜任力要求主要有以下五个方面。

可靠且具有影响力

HRBP 人员应该能快速与内部同事及外部客户建立信任，与内部、外部都能顺畅合作；及时递交结果，对客户需求迅速给予反应，并积极探索解决方案，提供精准的人力资源服务。另外，HRBP 人员应具有管理勇气和魄力，不惧挑战，当面对复杂问题或不确定的状况时能够认真观察、精确判断、直言不讳，协调多方资源，最终解决问题。

具有打造组织文化的能力

HRBP 人员要积极主动地打造组织文化，以自身的影响力带动业务部门重视文化建设，将文化与管理实践结合起来，鼓励业务部门领导以实际行动践行组织文化要求，自上而下地推动组织文化的建设和发展，并协助他们根据业务的实际情况制定和实施组织文化建设方案。同时，HRBP 人员还要帮助企业管理者推进组织管理创新的落地，鼓励并帮助员工了解组织管理创新的背景，使员工在观念上接受创新，最终实现业务发展。

具有成为人才管理经理和组织专业顾问的能力

HRBP 人员要肩负起发展组织人才的重任，保证组织人才战略与业务战略的统一，保障现有人才拥有业务发展的技能和能力，并通过精准的培训，确保不同类型的人才在未来能够始终满足不断发展变化的组织和业务需求。同时，HRBP 人员在必要的时候，应为业务部门提供关于组织架构、人员管理流程等组织问题的诊断，并提出合理的优化建议以确保组织架构满足业务发展的需求，以及组织人才战略与业务战略的高度统一。

具备高效执行力和商业头脑

HRBP 人员自身要掌握先进的人力资源技术，支持组织转型和变革，确保员工的核心需求能在“三个圈”模型中得到相应解决。HRBP 人员还要充分利用 HR 信息系统和数据库支持更专业的人力资源决策的制定。在执行人力资源决策和流程的过程中，要以关联性思维考虑和处理问题，帮助组织不断优化流程，提高运作效率。作为最贴近业务的人力资源工作者，HRBP 人员要充分了解业务的运作模式和运营状态，了解业务现状、外界政策、发展趋势及其他会对业务组织产生影响的因素，并对未来发展的机遇与挑战保持敏锐性，了解业务的竞争对手，以及公司的业务战略是如何在市场竞争中实现的。

具有战略创新思维

HRBP 人员要能够用创新的眼光对业务组织的发展进行思考、规划，在日常组织运作的执行中不断总结经验，并能够在充分了解业务的基础上，帮助业务部门进行更长远的组织和人才规划，通过不断地突破过往实践的局限，帮助业务部门应对新挑战。

辉瑞中国充分利用现有资源，在中国组建了人力资源共享服务中心，没有增加任何成本。现有相关人员无论是对公司组织系统，还是对中国本土人力组织政策、流程都非常熟悉，语言也不是问题，沟通效率高，服务质量和运作效率都得到了改善。

【案例分析】

企业设置 HRBP 职能，是希望担任 HRBP 的人员有能力了解业务，能够推动业务前进，能为公司业务提供前瞻性的人才战略规划。企业要想实现 HRBP 对业务推动的目的，HRBP 必须能够解决赋能业务、提升人才素质、推广企业文化、提高组织效能。

企业可以通过以下步骤来构建企业 HRBP 组织管理创新策略。

步骤 1：梳理评估现有企业团队的目标是否清晰、一致

HRBP 进入一个业务团队，首先要通过观察和沟通明确这个业务团队的目标是什么；团队从领导到一线人员对这个目标的认知是否一致；团队成员对这个目标是否愿意承诺并付出。HRBP 根据现有团队对目标反馈的情况与意见，及时寻找差距、探寻痛点，制定完善的与组织目标统一的方案，并推动方案落地。

步骤 2：探索业务团队现阶段是否存在痛点

HRBP 要通过观察及与业务团队相处，及时挖掘团队领导和其他成员的痛点。这些痛点来源于：围绕团队能力建设与团队目标之间的差距，对团队现有人员的能力和技术匹配性进行评估，他们是否在团队能力建设方面存在痛点；团队成员是否具有达成工作目标的激情与驱动力，是否愿意付出更多的时间和精力去达成团队更高的目标；团队组织是否有相互协作的氛围，在业务推进过程中是否能够得到充足的资源和支持。

步骤 3：针对痛点提供解决方案

HRBP 与 HR 在功能和业务参与度上的区别在于 HRBP 人员不仅能够挖掘业务团队组织管理上的问题与业务团队的痛点，还能够为公司提供解决这些痛点的方案。

HRBP人员作为业务合作伙伴，要同时满足业务领导与业务基层的需求。HRBP人员既要能够熟练运用HR模块体系工具，掌握人员组织管理技能，也要对行业及公司业务保持一定的熟悉度，包括业务所在领域发展情况、业务发展目标和经营模式、财务预算、价值链等，如图2-4所示。

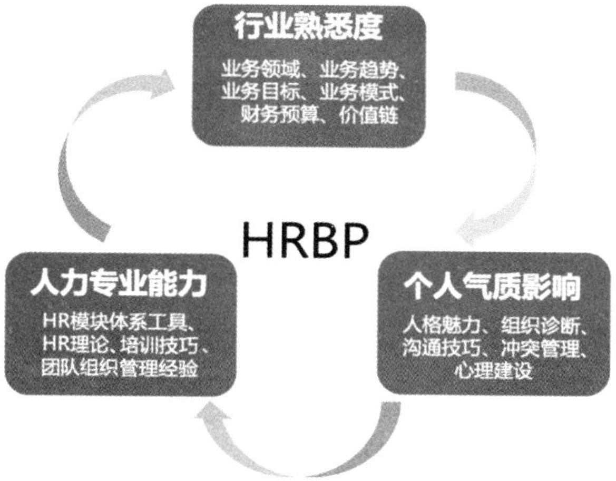

图2-4　公司HRBP职能

2.5　平台组织：韩都衣舍的平台化进程

韩都衣舍电子商务集团股份有限公司（简称韩都衣舍）创立于2006年，是中国较大的互联网品牌生态运营集团之一，总部位于山东省济南市。最初的韩都衣舍是一家淘宝网店，主打女装品牌，目标客户定位为20～35岁的都市时尚女性。创立初期，韩都衣舍运营资金不足，服装设计与互联网运营人才短缺，在自主品牌开发方面受限。在分析山东靠近韩国的地理优势后，韩都衣舍创始人赵迎光决定先以代购“韩流”服装打开国内市场。韩都衣舍招募了一批熟悉服装设计并且会韩语的在校大学生，培养他们做代购买手。赵迎光从韩国电商平台上的女装品牌中选出一批服饰，再让雇用的买手从其负责的 25 个品牌中，挑选出 8 款服装放在淘宝平台上销售。这些服装卖出去后，买手再从韩国电商平台上购买。因为采用的是买手帮客户挑选精品的模式，韩都衣舍在网店中的服饰款式更新速度明显比其他自产自销的女装品牌快。韩都衣舍网店因此受到大量追逐时尚的女性客户的关注，网店流量和销量迅速增加。

2008 年，韩都衣舍摒弃了从韩国厂家采购的模式，积极在国内寻找工厂代工，筹备自创品牌，并在 2008 年推出第一个自创品牌 HSTYLE，客户定位为 20～35 岁的都市时尚女性。韩都衣舍的自建品牌依然要为客户提供款式多样、更新快速及性价比高的购物体验。为了实现这个目标，韩都衣舍首先对公司管理组织架构进行了调整，将原来的买手团队根据职能不同划分成多个 3～5 人的小组，包括产品设计小组、生产制造小组和产品销售小组。产品设计小组根据韩国电商网站女装流行趋势，自行设计快时尚服装，然后将设计方案交给生产制造小组，由生产制造小组联系成衣加工工厂生产服装，最后由产品销售小组制定服装价格及促销活动。各个小组聚焦各自的环节，高效配合，提高了运营效率。韩都衣舍推出排名制度和绩效奖金，对不同小组的人员进行激励。在前期的市场积累和自主品牌影响力的扩大之下，2011 年韩都衣舍年销售额达到 2.8 亿元。

随着服装产量和销量的增加，各个小组的成员已经无法独立应对多款服装的全部流程，公司运营效率下降，生产成本大幅度提高。2011 年，韩都衣舍成功获得国际知名风险投资机构 IDG 的千万美元投资，利用这些投资，韩都衣舍开始建设 IT 系统和供应链管理体系。公司成立技术研发团队，采购其他公司开发的线上管理系统，技术团队在运营、维护采购平台的同时，尝试自行开发更适合韩都衣舍运营管理的 IT 系统。另外，韩都衣舍加强供应商管理，借助线上供应链体系，要求供应商能够快速按需生产，减少产品库存。在 IT 系统和供应链体系的配合下，韩都衣舍将原有的“产品小组”升级为“以产品小组为核心的单品全程运营体系”。公司组建了专业的团队负责供应链管理，产品小组成员则专注于产品研发设计工作，提高了公司的运营效率。

面对越来越激烈的服装品牌和线上服装店的竞争，经过权衡，韩都衣舍管理团队决定按照传统服装品牌的发展模式，用多品牌来突破单品牌的客户市场局限。在自有品牌 HSTYLE 运作经验的基础上，韩都衣舍正式推出第一个子品牌——AMH。该品牌定位为韩式风格快时尚男装，目标客户是 18～28 岁的时尚男性。在“以产品小组为核心的单品全程运营体系”强有力的支撑下，AMH 品牌正式推出后年销售额达到 4000 多万元，2013 年的年销售额甚至高达 1.8 亿元。为了开发更多的子品牌，韩都衣舍进一步加强内部系统打造，对原有的 IT 系统和供应链体系进行升级，并投入大量资金开发新的 IT 系统。另外，公司根据市场对产品的反应敏捷调整产品的优惠价格，极大地提高了产品的销量，一些畅销单品因为性价比高，很快售罄。在供应链体系的管理上，韩都衣舍注重产品品质，并在供应商的协助下，进行精细化、模块化生产，将服装生产工序拆分给不同的供应商负责，从而提升了韩都衣舍碎片化订单的交货速度。同时，韩都衣舍打造了中央仓储管理系统和客户服务系统，为产品赋能。

从 2013 年起，韩都衣舍陆续推出了童装品牌米妮·哈鲁、中老年女装品牌迪葵纳、文艺女装品牌素缕、美国户外品牌 Discovery 等 70 多个子品牌，包括韩风系、欧美系、东方系等主流风格，覆盖女装、男装、童装、户外等品类。韩都衣舍在 2012—2016 年实现互联网销售五连冠，2016 年 7 月公司获批成为互联网服饰品牌第一股，股票代码为 838711[①]。

韩都衣舍能够在 2012—2016 年实现互联网销售五连冠，与其组织创新运营管理模式是分不开的。这种组织模式的核心就是“平台+小组制”：一方面，企业向平台化转型；另一方面，企业内部建立几百个三人小组。别的企业内部组织模式大多是基于流程建立串联组织模式，而韩都衣舍采用并联式组织模式，以包产到户的方式，让每个品牌、每个款式都是一个相对独立并联的小组，每个小组都由三个人组成，包括产品设计、页面详情设计和库存订单管理三个核心岗位，资历深、能力强的人兼任组长。这种并联式组织模式把企业变成了一个平台，让所有的小组都像平台上的插件一样，去获取平台的资源支持，并直接面对客户。在小组间为获取企业配置的资源展开充分竞争的氛围中，各个小组根据自身对市场需求的理解

① 韩都衣舍抢占淘品牌第一股 获批挂牌新三板. 亿邦动力网，2016-07-29. http://www.ebrun.com/20160729/185028.shtml.

和判断，自行确定销售任务，包括销售额、毛利润和库存周转，以及产品的款式、尺码、数量、折扣及促销活动等，同时按照企业确定的比例从所创造的毛利润中获得提成。韩都衣舍的企划部、生产中心、仓储中心不断整合并形成强有力的支持，为小组赋能。这种组织模式使组织以客户需求为中心开展业务，几百个产品小组能够满足客户个性化的需求并快速输出定制化产品。

每个小组都有清晰的责任和利益划分；同时，几百个小组又能够从企业内部获得行政资源、生产、品牌的运作、储运及供应链的支持，这时组织就变成一个赋能体系，为数百个小组赋能。韩都衣舍每3～5个小组会产生一个主管，每3～5个主管会产生一个部门经理，每个小组之间、部门之间的协调依靠主管和部门经理来协同，把传统的组织模式与新的组织模式融合在一起，内部有自身的一套利益权责分配机制。小组员工可以在扁平、透明的组织架构中根据自己的特长自主选择和自由搭配，以实现自身为企业创造的个人价值最大化。

随着公司业务的不断增长，韩都衣舍从“HSTYLE”单品牌不断分裂出子品牌，并朝着多品牌扩展之路快速成长。为了避免产品小组与平台部门因交叉工作量急剧增加而引发矛盾，韩都衣舍借鉴产品小组的经验，逐步将小组制推广到平台部门，将摄影、采购等支持平台升级为以运营小组为单位的利润中心，与产品小组之间建立交易关系，并且鼓励平台运营小组面向市场从事企业外部的交易活动，为企业创造利润。这样，小组制在韩都衣舍的生产与后台服务部门中不断推行，使得公司内部众多的业务和工作都由产品小组和服务小组完成，各小组之间通过交易活动建立起的合作生态基本形成。这些小组在公司赋能的前提下，不断自我调整与进化，并在小组成长机制下实现了裂变式发展。

韩都衣舍以“平台化+产品小组”的组织管理模式，以实现客户需求为导向，对客户多元化需求做出了敏捷的反应。产品小组在责任和利益上统一，员工之间的竞争不是淘汰个人，而是更新迭代小组。所有小组持续排名，一个小组今天排名靠前，明天可能就会落后。这就刺激了各个小组内部、团队之间必须紧密团结，积极工作，才能赢得一个好的名次。同时，总部与小组、小组与小组之间的利益分配机制是公开透明的。

【案例分析】

企业之所以要在组织管理上实现平台化转变，主要基于以下三个原因。

（1）客户需求更多元化。近年来，市场的不确定性增加，客户需求发生了深刻变化，个性化消费逐渐兴起；同时，客户希望企业或产品服务能够满足复合的多种需求，而非独立的需求。客户与企业对产品信息掌握的不对称性和不透明性逐渐削弱，客户的多元化需求甚至会主导产品的未来方向，进而改变供需双方在市场交易中的地位。

（2）组织员工自我价值实现的需求。新一代的员工希望在较短的时间内实现自我价值，而非只是企业的一部分。他们希望企业领导扮演“辅导者”的角色，希望上级能够充分放权，赋予其更大的工作灵活性。更重要的是，过去组织内部的中层管理者，一般是基于自己所掌握的信息去管理和领导一线员工,但新一代的员工已经被新兴技术赋能,他们比传统的企业员工掌握和可以处理的信息更多,这就使企业需要把部分决策权进一步授予业务前端。

（3）**互联网技术的发展**。互联网技术的飞速提升,为企业搭建线上数字平台提供了基础和保障。互联网技术的提升不仅改变了交易的方式,还推动了企业与客户之间构建更多新的交易方式。云计算、数据存储、网络带宽等技术的改善与提升,加强了业务之间的数据共享,进而推动了交易的精确化,提高了创新的可能性。

传统的组织强调标准化工作流程与井然有序的组织层级管理,而未来的组织强调构建开放的平台生态系统。简单来说,平台是自由责任、效率集约、结构组合、文化共识的全新生态系统。平台化企业如同一个有机的生态系统,企业内各组织如同生态系统中的"生物种群",生态系统的稳定要强调"生物种群"的多样性,彼此之间相互依存。与生态化的组织相比,传统的组织如同一个有围墙、精心修剪过的花园;而在科技飞速发展、互联网高度普及、信息日益透明化和扁平化的新经济时代,企业与客户处于平台化的生态圈中,彼此之间相互融合,形成了更加复杂和网络化的生态关系。在工业化时代,强调"修剪过的花园";而我们所说的未来的组织,就是与客户融合的生态圈,组织更复杂、更立体化和网络化,这是平台化企业的共同特点。

如今,企业平台化已成为市场行业组织管理创新的趋势。平台可以被视为一种模式或思维,以产品开发平台、产业平台、跨产业交易平台、多边市场平台等形式存在,而平台化组织则是在"连接多边资源，创造单独一边所无法创造的价值”的平台思维上衍生而来的。平台化组织通过重新组织生产要素来激发创新，创造企业价值。由于其连接多边的特性，拓展了组织边界，企业将外部生产要素（人力资源、资本、技术、客户等）也纳入平台化组织的生态系统，因此平台化组织具备比传统的组织更大的价值创造能力。一个平台化组织能够吸引到的资源（服务提供者）越多，客户的多元化需求就越能得到满足，进而企业越能稳步发展。

企业可以通过以下途径构建平台化组织。

（1）从以企业为中心转向以客户为中心。企业应去除中介，直接与客户交付，用以客户为中心的多元化、个性化、定制化产品及服务，逐渐替代原来的以企业量产能力及粗放型发展为中心的大规模制造输出。

（2）构建更灵活的经营单元。在复杂多变的互联网时代，“航母型”组织和“深井型”组织将不再适应市场发展。企业要尝试在内部孵化小型经营单元，构建一支业务提升“舰队型”组织，提升团队的灵活应变能力和创新能力，为客户提供更精准的服务，充分释放组织对企业价值的创造能量。

（3）建立经营单元之间市场化交易机制。通过市场化交易机制，整合、连接充满创造力和战斗力的各经营单元，让各经营单元协同应对复杂多变的市场环境，并且通过协同充分激活各经营单元的市场竞争力，最终提升企业的生命力及其对现有市场的应变能力。

（4）优化自上而下赋能制度。企业要制定向下赋能的创新管理制度，把决策权下放到各业务前线经营组织，塑造“管理无领导”

的体系。企业应由产品服务提供者转向价值创造服务者，从管控职能转向支撑职能。

（5）构建企业利益共同体生态模式。互联网时代的竞争最终将演变为生态模式的竞争。企业内的各个经营体是协同关系，与外部的客户、供应商，甚至连竞争对手都是共生关系。企业要致力于打造一个开放、资源共享的生态商业模式，吸收优质资源，构建高效配备资源和输出解决方案的能力。

韩都衣舍平台组织管理发展模式如图 2-5 所示。

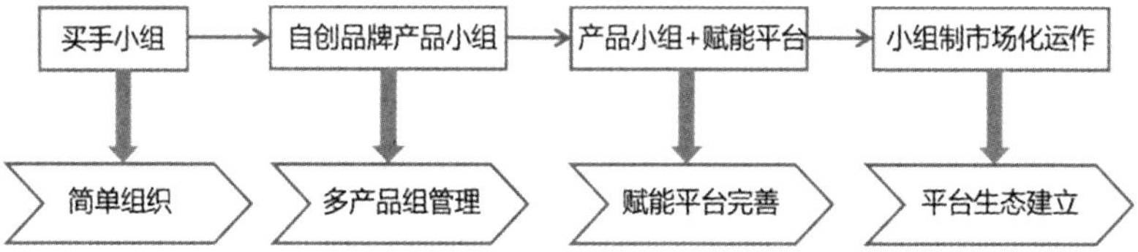

图 2-5　韩都衣舍平台组织管理发展模式

2.6　共建业务：技术经理人运营策略

2012 年 9 月，在首届中国-东盟科技部长会议上，“中国-东盟科技伙伴计划”启动，并提出建设中国-东盟技术转移中心。2013 年 9 月，第十届中国-东盟博览会举办期间，中国-东盟技术转移中心在广西壮族自治区南宁市正式落户。

广西是中国唯一与东盟既有陆地接壤又有海上通道的地区。由于地理优势，广西成为中国对东南亚开展技术转移的前沿。中国-东盟技术转移中心是目前中国唯一一家面向东盟的国家级技术转移机构，具体承担中国-东盟技术转移中心的运营工作。

落户在广西南宁的中国-东盟技术转移中心以实施中国与东盟政府间科技合作项目为契机，开展东盟国家和企业间的技术转移“经理人”服务。自 2013 年成立起，中国-东盟技术转移中心承担科技部、广西的科技合作项目，内容包括公共服务平台建设、面向东盟的关键技术研究、技术转移服务及示范、东盟产业合作研究等，通过项目实施带动技术经理人服务能力提升。

中国-东盟技术转移中心的工作得到了中国科技部的大力支持。中国科技部重视《中国-东盟科技伙伴计划》的实施情况，定期与东盟各国召开政府间科技联委会，通报总结合作进展，确定下一年度的合作内容。中国科技部指导中心开展重点工作，协调相关部门建立中国-东盟技术转移协作网络，并给予项目经费支持。广西科技厅具体承担中国-东盟技术转移中心的建设运营工作，给予政策及经费支持。

中国-东盟技术转移中心作为中国目前唯一一家国家级的面向东盟的技术转移机构，每年举办中国-东盟技术转移与创新合作大会以及与大会相关的活动；发起并实施东盟青年科学家来华计划；组织中国和东盟成员国企业的友好交流与合作。中国-东盟技术转移中心初步建立了中国-东盟技术转移协作网络，其参与主体有科研机构、中介服务组织、企业、政府部门、行业协会等，范围覆盖中国和东盟十国，在中国和东盟国家形成了良好的品牌影响力。

中国-东盟技术转移中心服务于各省市（尤其是东部沿海地区）有意愿进入东盟市场的企业、政府与机构，让这些客户通过参与中心举办的活动、对接会等，增加对东盟国家的技术成果交易政策和条件的了解，更好地挖掘技术转移与成果转化的各类商业机会。

中国-东盟技术转移中心的技术转移服务主要包括信息咨询服务和技术经理人服务。首先，中国-东盟技术转移中心通过搭建技术交易和信息共享平台，实现政策、技术、投融资等资源信息的自由流动，使技术转移网络成员能互相依存、互相协作。其次，中国-东盟技术转移中心通过对政策、技术、经济贸易、法律等的了解，为企业提供政策咨询、技术、培训等服务，推动技术转移的实现。

自 2013 年中国-东盟技术转移中心成立以来，已举办各种形式的科技创新与技术转移活动 70 场，对接项目 1900 余项，涉及企业 3000 多家，促成中国与东盟国家企业签署合作协议 491 项，意向金额 50 多亿元，推动了我国一大批农业、新能源、生物技术、化工等领域先进实用技术成果快速向东盟国家转移，解决了东盟国家发展急需，甚至填补了某些领域的空白。截至 2019 年 4 月，中国-东盟技术转移中心已成功构建起覆盖中国和东盟十国的创新网络，建成双边技术转移中心 9 家、双边区域中心 1 家，协作网络成员达 2400 家，其中东盟国家成员占 1/3 以上，并拓展至巴基斯坦、印度、以色列等“一带一路”沿线国家①。

中国-东盟技术转移中心在业务开展的过程中产生了不少业务亮点。2014 年 4 月，中国-东盟技术转移中心、广西太阳能协会、

① 中国-东盟技术转移中心：播下创新种 扩大朋友圈. 光明日报，2019-04-01. http://news.gmw.cn/2019-04/01/content_32701770.htm.

越南胡志明市科技信息中心共同在越南胡志明市组织举办 2014 年中国-越南太阳能技术对接会。通过对接会及现场洽谈，广西太阳能协会多个企业与越南企业达成合作意向。其中，广西吉宽太阳能设备有限公司与胡志明市黄中南能源科技有限责任公司达成合作，承担胡志明市太阳能路灯安装工程，广西科学院应用物理研究所与越南芽庄大学在智慧照明、并网发电等技术研发方面达成初步合作意向，并签署协议。其他具体合作细节各企业将在会后继续沟通。

在中国-东盟技术转移中心的推动下，广西企业、高校和科研院所更加积极地参与科技合作，在引进技术的同时，不断扩大输出先进实用技术与产品。国家海洋局第四研究所、国际水稻研究所等创新创业机构纷纷落户广西，辐射东盟国家，对当地科技经济发展起到示范带动作用，也提升了广西科技创新能力。

【案例分析】

技术经理人的业务开展过程包括四类利益相关方：政府、高校、科研院所与企业。技术经理人与利益相关方之间的业务合作开展主要包括以下三个步骤。

步骤 1：技术选择与技术成果研发

高校、科研院所及企业研发部门的研发人员承担技术开发和对科研活动的管理工作，以及对技术成果进行可行性分析、原型设计、小试试验、中试试验，确保技术具备从实验室走向产品化和产业化的可能性。政府部门充当其他合作主体的协同部门，从技术开发的源头上加强技术经理人与研发部门的联系，推动产学研协同创新。

技术经理人对技术成果进行分析，筛选出适合产业化的项目，并及时搜集技术成果转化应用方的企业客户需求，将这些需求及时反馈给技术成果研发机构，给研发机构的技术研发选择提供参考。

步骤2：技术成果授权与推广

一方面，技术经理人以合办实体或合作协议的方式，从高校、科研院所及企业的研发部门取得技术成果的所有权与处置权，并开展各类商业或社会活动帮助技术成果研发部门推广这些技术成果。另一方面，技术研发部门开展对技术经理人授权、合作规则制定及合作推进等工作。技术成果授权不是一次性的行为，而是动态地持续与企业深化合作的过程。在技术成果应用的过程中，技术研发机构与技术经理人的合作也会根据阶段性合作结果而不断改善与深化。政府在这个步骤中起着关键作用，政府不仅为推动合作进程提供资金、场地、政策，还对技术经理人定期牵头组织技术交流、供需对接等活动给予支持。

步骤3：技术成果应用与产业转化

技术经理人协同技术成果研发部门挖掘、筛选优秀的技术成果，并将技术成果产业化。在技术成果产业化过程中，技术经理人需要持续把握产业界关于此项产业应用的情况，并及时将技术应用情况反馈给研究部门，研究部门参考这些反馈改善技术的应用性。此外，为了更好地实现技术应用，提升生产效率和企业效益，企业会向技术经理人与技术研发机构表达进一步合作的意向。在这样的互动协商中，技术成果转移从产品化进入新的一轮技术研究与技术推广的循环中，整个技术成果转移业务驶入良性运营轨道。

技术经理人定位的企业应建立多方共赢的利益机制，使技术研发、产品成果输出与产业化推进各参与方形成“技术起源—中介连接—主体推动”的合力，充分发挥技术经理人在技术成果与产业化资源对接中的中介作用，促进技术成果转移及企业长效发展。

技术经理人业务模式如图 2-6 所示。

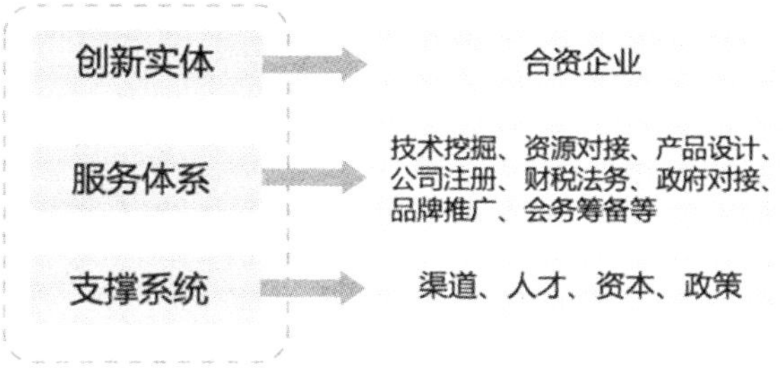

图 2-6　技术经理人业务模式

2.7　少走弯路：跨越企业组织创新升级误区

误区1：在组织创新升级过程中，企业过于追求量化绩效考核指标，轻视过程考核

企业在制定组织创新升级绩效考核指标时，需要以结果为导向制定绩效目标。但是，一些企业过于追求量化绩效考核指标，轻视过程考核，否认创新探索、员工主观能动性在绩效达成中的积极作用。企业管理者在组织创新升级实践中，希望所有的考核结果都能够按照公式计算出实际的数值，实际上这是一种回避创新不确定性的偷懒行为。某企业对组织进行创新升级时，设置了前台业务实施部门和中台业务赋能部门，但是企业对新成立的中台业务赋能部门

仍然按照前台业务实施部门的考核指标进行量化考核，导致新成立的中台业务赋能部门忙着实现考核指标，他们无暇且没有意愿顾及在前台赋能工作协同与创新上的探索，结果导致组织创新升级没有达到预期目标。

跨越误区：企业制定的绩效考核指标一定要以企业的发展战略为导向，如果绩效考核指标不符合企业的发展战略，效果是不会理想的。在组织创新升级初期，企业在制定绩效考核指标时，要充分考虑该指标对组织进行创新升级的意义。企业要给予重组后的组织一定的灵活考核空间，对该组织为企业发展做的创新探索性工作，也要给予公正的价值评估和绩效考核。

误区2：企业组织管理的数字化转型，就是将工作都尽量无纸化、线上化，并且设立数字管理部门、雇用数字人才

企业在进行组织管理的数字化转型过程中，投入重金邀请平台搭建数字化、无纸化办公平台，希望在这个平台上实现多种功能，包括线上申报、线上会议、线上项目审批、线上人才招聘等，以提升效率为理由，推进所有工作无纸化、线上化。同时，企业制定非常详细的组织数字化运营管理手册，组建数字管理部门，雇用专业数字分析人才，搭建线上数字平台。企业认为完成这些步骤，就能实现企业管理的数字化转型。某企业进行组织管理数字化转型，花费巨资搭建了一套线上审阅重要合同和风险控制的系统，然而这样做并未达到预期的效果。虽然审批合同的领导可以随时通过手机进行合同审批，但是依然存在层层审批的情况，只不过层层审批的动作变成了领导拿出手机进入系统点击“已阅通过”按钮，和原来签字的流程没有本质的区别。另外，由于过于强调无纸化，到年底外部机构审计的时候，所有无纸化的合同都需要提供纸质版本并加盖企业鲜章，为企业相关人员增加了工作量。

跨越误区：企业要进行组织管理数字化转型，首先要建设一种新的企业文化，包括授权、赋能等方面的创新策略，而非仅仅将线下工作搬到线上，纸制文件变为电子文件。此外，管理者要认真考虑哪些数字化的转型能够增加企业业务、提高工作效率、有助于降低企业运营成本等，而非仅仅增加额外成本和额外工作量，去运营一个作用并不明显的线上工作平台。

误区 3：组织创新升级就是从根本上进行组织架构调整，可以一步到位地实现全面改善

有的企业想要“一步到位”地全面推进组织创新升级。企业管理人员大刀阔斧地对企业组织架构进行全面调整，在将组织架构重组、人员配备到位及企业运营绩效分工界定清楚后，就认为这次调整能够给企业组织管理带来持续的优化效果。某企业意识到组织管理创新的重要性，在企业总部设立了创新中心，直接归总经理管理。同时，企业对业务部门进行了调整，把其升级为若干个独立核算的业务事业群，事业群归负责业务的高层管理。然而，在业务部门架构升级之后，企业并没有获得理想的结果。该企业失败的原因有：创新中心没有获得企业高层对创新工作的授权及其他部门的支持、协同；企业对创新中心的绩效考核依然按照成熟项目指标，而非创新指标进行；不同业务事业群之间存在资源分配矛盾和业务协同不利的局面。

跨越误区：企业在进行组织创新升级时，要摆脱“一次创新搞定所有组织问题”的一步到位思想。在组织结构创新设计上，既要进行合理分工，又要强调各部门的紧密联系，防止各自为政、相互脱节。此外，企业内部要注重分享与协同，而不要认为设立了创新中心，就能将整个企业的创新重任都交由一个新成立的中心实现。组织创新升级需要稳扎稳打、步步为营，要结合企业组织的特征和优势，边摸索边改善。只有建立良好的组织创新机制和合理的组织架构，才能确保企业组织在升级后，自主创新有持续开展的动力。

误区 4：企业 HRBP 的职能为承担企业业务、提升绩效

企业在业务部门或业务条线增加 HRBP 职位，因强调的是 HRBP 的业务参与和业务推进能力，使部门领导和 HRBP 本人均误以为 HRBP 的主要工作目标是与业务绩效挂钩的。某企业新增 HRBP 职位，企业领导要求 HRBP 人员主动参与业务，并协同业务部门抓业务痛点，甚至让 HRBP 人员背负一些业绩指标。HRBP 人员在工作过程中，逐渐模糊了工作重点和职能定位，影响了自身 HR 优势的发挥，最终导致 HRBP 人员不但背负的业绩指标没有完成，而且在组织管理方面没有发挥其作用，与人力资源部门的普通 HR 职能没有太多差别，组织创新升级目标没有实现。

跨越误区：企业在设立 HRBP 这一职位时，要明确 HRBP 其实更侧重人力资源管理与人力资源规划的工作职能，通过优化人力资源管理，推动企业业务发展。HRBP 人员是企业人力资源各领域的制度和流程在本组织有效落地的支撑者，他们需要非常熟悉人力资源管理的各种工具、手段和措施。另外，HRBP 人员要理解业务，识别痛点，并且能够针对业务的痛点，提供从招人、培训到用人、管人的人力资源整体解决方案。

误区 5：企业新组建了中台部门，认为“中台”对“前台”的智库赋能功能非常重要，所以没有经过中台部门审核和决策的业务工作方案就不能下放实施

企业新组建了中台部门，为业务前台部门赋能。在具体组织运营工作落地的时候，中台部门不仅变成了业务前台的智库、赋能部门及协同推进业务部门，还升级为业务部门工作计划的审批部门和风险控制部门。某企业在成立中台部门之后，业务前台部门的各项工作计划和预算决策都报给中台部门，中台部门不仅要帮助业务前台部门提供这些工作的咨询意见，还要把控这些工作计划和预算决策是否合理。这样的工作协同降低了业务前台部门拓展业务和合作达成的效率，也造成了业务前台部门和中台部门互相推诿业务失败责任的局面。

跨越误区：企业应该正确理解“中台”对“前台”的赋能关系。“中台”是支撑企业多个业务产品的共享服务平台，在业务拓展决策和风险控制之类的问题上，业务前台部门起着主导作用。同时，“中台”的目标是提高业务产品的研发效率。但是，在“中台”与“前台”的工作磨合期，工作效率会受到一些影响。企业需要促使“中台”与“前台”尽快做到默契配合，提高工作效率，而不是让中台部门成为新增的业务审批部门，产生新的公司内耗，降低业务推进效率。

误区 6：企业将绩效考核等同于绩效管理

企业管理者没有真正理解绩效管理的含义及其在企业发展战略上的作用，简单地认为绩效考核就是绩效管理工作的全部，认为做了绩效考核就是做了绩效管理，而忽略了经营管理部门在组织绩效规划、组织效率提升及经营策略规划上的职能工作。某企业加大了经营管理部门对经营绩效的管控，但是经营管理部门主要做的工作是搜集企业各业务部门和职能部门报上来的绩效，再在每个月末或季度末，同月初或季初搜集来的绩效指标严格比对，不符合就扣绩效。经过一段时间的运营，绩效考核方与绩效上报方的信息不对称，沟通不充分，导致绩效考核期间部门之间的矛盾增多，逐渐降低了员工对于制定无法数字化准确预估绩效指标的创新探索性工作的积极性。

跨越误区：企业要重视组织经营管理的事前沟通、过程管理和控制，并需要提升经营管理部门对业务部门和职能部门在制定绩效工作中的赋能和协同。企业要认识到缺乏沟通和共识的绩效管理会阻碍绩效管理对绩效提升的良性循环，还会影响员工在制定绩效指标过程中，提出创新探索性工作思路的积极性。

误区 7：为了快速摸索出适合企业组织创新升级的道路，企业在短期内快速尝试各种组织创新升级模式，频繁调整组织架构

有的企业认为组织管理创新升级主要是对组织架构进行调整。因此，在组织创新升级摸索过程中，企业为了尽快摸索出一条适合自身组织发展的道路，于是“今天”设立一个新事业群，“明天”设立一个创新中心，“后天”引入 HRBP 等新职能。某企业在对组织进行创新升级时，先实行事业群的划分，将不同的项目小组独立设为不同的事业群，以期实现独立核算。但是，在推进的过程中发现事业群独立核算能力不足，就又设立了创新中心，将事业群划分为 2、3 个事业部，在运营中却又发现创新中心与事业部无法很好地合作……结果出现了员工在工作协同上定位不清、权责不明等问题，既引发了矛盾，又影响了企业整体的业务拓展。

跨越误区：企业在做组织创新升级决策前，需要对自身的优势，尤其是对组织人员配备结构和组织优势进行分析后，再结合自身特性进行组织创新升级；而不是通过频繁地调整组织架构，打乱已经稳定的工作模式和业务协同关系，去尝试各种组织创新升级方式。

漫说创新：企业组织创新升级力

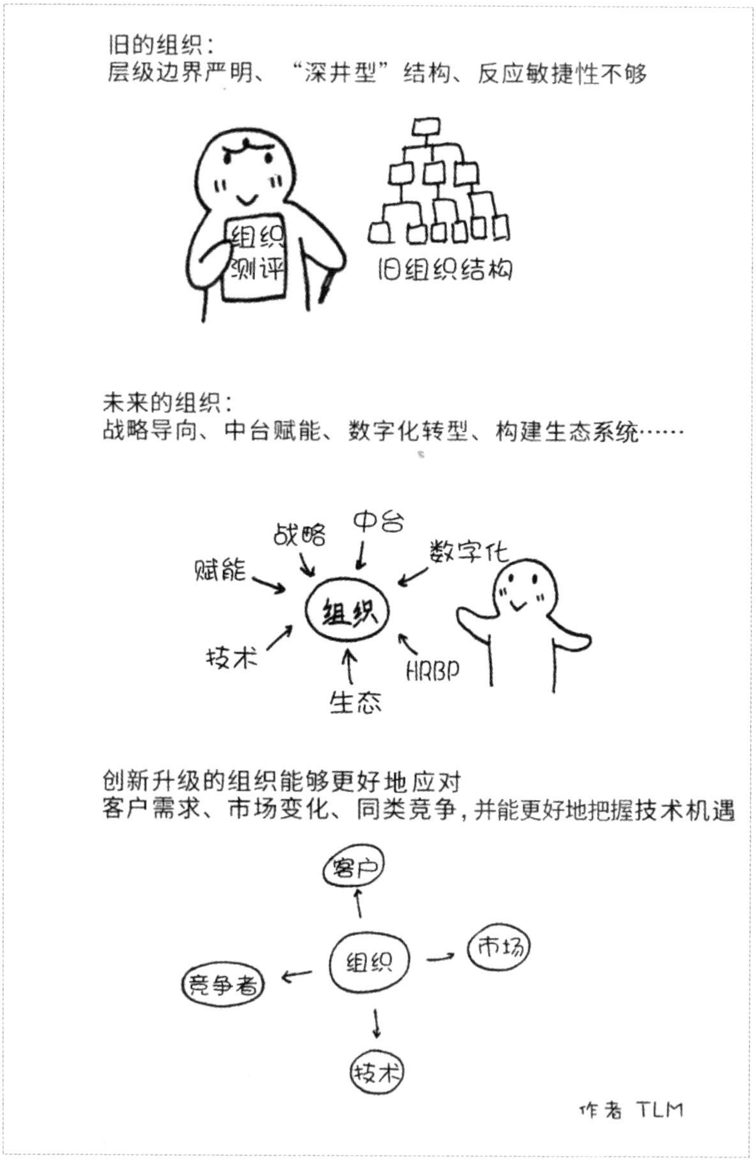

第 3 章　提炼需求：企业产品创新升级力

3.1　放飞想象：肯德基的跨界产品体系

据统计，2018 年，我国餐饮行业收入为 4.3 万亿元①。另据 2018 年中国餐饮企业百强名单显示，进入榜单前三名的企业分别为：百胜中国控股有限公司、金拱门有限公司和海底捞国际控股有限公司。百盛中国是 2018 年百强榜冠军，该企业的营收占这 100 家企业全年总收入的 23.5%，是当之无愧的中国餐饮业头牌②。

百胜餐饮集团源自美国百事集团，是百事可乐的母公司。百胜最初只是百事集团下属的一个业务部门，1997 年才独立出来成为独立的公司，百胜集团拿到了肯德基、必胜客等餐饮品牌在全球范围内的品牌使用权和经营权。百胜中国则是百胜餐饮集团为了经营

---

① 商务部：2018 年全国餐饮收入 4.3 万亿元 首次突破四万亿. 人民网，2019-10-31. http://scitech.people.com.cn/n1/2019/1031/c1007-31431247.html.

② 臧政齐.《2018 年度中国餐饮企业百强》名单发布，百胜中国稳居冠军. 亿欧网，2019-05-01. https://www.iyiou.com/p/98928.html.

中国区的业务，专门设立的中国本土企业。自 1993 年在上海成立以来，中国市场逐渐成为百胜集团在全球最重要的市场之一。2016 年，百胜中国从百胜餐饮集团独立出来，完成了在美国的单独上市。

2018 年，百胜中国营收 84.2 亿美元，同比增长 8%，利润为 9.41 亿美元，同比增长 21%。其中，肯德基对百胜中国 2018 年全年营收的贡献达到了七成[①]。在新店方面，2018 年第四季度，百胜中国新开餐厅 257 家，主要为肯德基餐厅，数量达到 155 家。截至 2018 年 12 月底，百胜中国在 1200 多个城市拥有超过 8400 家餐厅，其中肯德基餐厅 5910 家。肯德基当之无愧地成为百胜中国经营业绩的最大贡献者。

然而，早在 2014 年，肯德基的业绩却在百胜中国另一个知名品牌“必胜客”之下，并呈现颓势。当年，因为“速成鸡”“禽流感”等问题，百胜中国四个财季同店销售连续下滑，前两个季度下滑幅度都高达 20%。2014 年 7 月，麦当劳、肯德基等快餐在上海的一家供应商福喜公司使用过期肉的新闻爆出，更是雪上加霜。当时广泛流传的说法是，“肯德基中国风光不再，处境或将越来越糟糕”，还有不少人担心必胜客会被肯德基“拖累”。

但是，仅仅过了 4 年，肯德基就诠释了什么叫作“逆风翻盘”。下面就为大家总结肯德基那些充满想象力与趣味性的各类跨界商品。

---

① 张晓荣. 百胜中国披露 2018 年业绩，肯德基强增长必胜客拖后腿. 新京报，2019-02-09. http://www.bjnews.com.cn/feature/2019/02/09/545768.html.

跨界产品类型 1：城市文化空间

边吃炸鸡边吟诗：杜甫草堂传统文化体验店

2019 年 2 月 27 日，杜甫草堂和肯德基跨界合作，联合打造了首家天府锦绣主题餐厅。杜甫诗作、草堂景观及书画等相关文化元素强势入驻。餐厅内营造出诗意的氛围，墙上描绘着唐朝人的生活场景图案，桌面、墙壁、传单、包装上处处是杜甫经典诗句及相关的书画作品，还随餐配送杜甫草堂元素的钥匙扣、冰箱贴等纪念品。

顾客还可以一手握着炸鸡，一手捧着可乐，边享用美食边欣赏“曾经登上央视《经典咏流传》舞台的梁俊，带着孩子们用现代音乐旋律，在肯德基里合唱杜甫的《春夜喜雨》：好雨知时节，当春乃发生……”

“读・味咖啡馆”：肯德基+Kindle

2018 年 7 月，肯德基在北京王府井建华店和苏州桥店分别开设了咖啡主题店中店。两家咖啡主题店中店名为“读・味咖啡馆”，希望通过营造咖啡、用餐加阅读的社交场景，迎合顾客的多元化需求。顾客如果在这两家肯德基里面的主题咖啡店购买现磨咖啡产品，即可获赠一张 Kindle 阅读卡。肯德基方面称，此次与 Kindle 合作开设主题店，旨在鼓励都市年轻人在繁忙工作之余，借助肯德基咖啡与 Kindle 电子书阅读，享受都市慢生活。

店中店：肯德基+当当阅读空间

2019 年 4 月 20 日晚，图书电商平台当当网与肯德基正式宣布联手，打造主题为“肯品味・阅当当”的文化社交空间，将线上阅读和文化社交场景延伸到餐厅。肯德基城乡店里咖啡工作台前，手磨咖啡的香气里是《小王子》的经典语录："看东西只有用心才能看得清楚，重要的东西用眼睛是看不见的。"店面几处的装修也散发着文化的气息，餐桌、吧台旁立着大大小小的书架，顾客可以方便地阅读。未来，在当当和肯德基合作的文化社交空间里，当当会经常邀请不同的作家举办交流活动，让肯德基门店不只是一间餐厅，也是阅读分享和文化交流的场所。

肯德基已俨然成为"不仅管喂饱你的胃，还管喂饱你的精神"的都市文化体验空间。

跨界产品类型 2：快消产品

吃完肯德基一身炸鸡味要赶快清理掉？既然吃完炸鸡身上会有炸鸡味，干脆让肯德基帮顾客把这身炸鸡味发挥到极致吧！经过肯德基研发部门的精心研发，肯德基提升了炸鸡香味的浓度，先后推出限量版系列产品：炸鸡味的防晒霜、炸鸡味的指甲油和炸鸡味的浴盐。只有想不到，没有做不到，肯德基开发的产品可以涂在身上任何部位，让你涂抹上之后浑身充满"炸鸡香"。据说，每次推出的限量合作款快消产品都很快被抢购一空。

跨界产品类型 3：电子产品

华为+肯德基纪念款手机

2017 年，华为宣布推出"畅享 7"肯德基合作限量纪念款手机，售价为 1099 元。纪念款和普通款最明显的区别在于手机的外壳，在纪念款手机红色背面中央设计有肯德基品牌创始人的头像和"你好 1987”的字样。肯德基称之所以选择在这个时机与华为合作，是因为在 2017 年正好两家公司都有 30 周年纪念活动：华为成立 30 周年、肯德基进入中国 30 周年。

电竞手游

2018 年 10 月，肯德基宣布成立“KFC Gaming”部门，开始涉足电竞手游界。早先，肯德基已与“吃鸡游戏”《绝地求生》无缝衔接地合作，绝地求生荒岛特训的 120 人最新地图，不仅使游戏打破了同类玩法的人数上限，带来了全新战术格局，还将 KFC 建筑放在了游戏中。当在游戏中进行资源搜集、战术配合的时候，玩家在语音的时候自然少不了“KFC 集合”“我被打了！快来 KFC 支援”之类的对话。游戏内的植入除了把 KFC 的餐厅装到游戏里面，还加入了 KFC 专属的头盔、背包、衣服、加血炸鸡桶等，就连一局游戏结束后的结算页都做成了 KFC 的形式，玩家最后的数据就好像在 KFC 消费之后获得的小票一样，代入感十足。肯德基还与游戏方合作开发了一键下单按钮，玩家可以实现真正的“吃鸡”，线上打游戏，线下定外卖吃炸鸡，完美无缝衔接。这个电竞界的新竞争对手真是“出其不意，攻其不备”。

电子设备

肯德基在电子设备的跨界合作上不断给大家带来惊喜。2015 年，肯德基在德国推出了一款蓝牙键盘，第一眼看上去和普通的托盘垫纸无异。其实，按下左侧的开关按钮，用蓝牙连接手机，这款“托盘垫纸”就可以变成蓝牙键盘。该蓝牙键盘很薄、可弯曲，能通过蓝牙与设备连接。2015 年，肯德基为了庆祝入住加拿大 60 周年，推出了一款底部带照片打印功能的外带全家桶。机身看上去和普通的全家桶无异，桶内也是正常的原味块鸡、鸡翅的组合。不同的地方在于，底部设置了小型打印机，可通过手机 App 直接打印相片。为了庆祝百事可乐公司旗下的知名饮料品牌激浪与肯德基达成合作，肯德基设计了一个全新的炸鸡盒，盒子顶部为激浪的罐装苏打水设计了一款支架。肯德基给这盒子的左右各加入了半个手柄，顶部的支架也可以调节固定手机。这样吃炸鸡的时候就不用担心把手机屏幕上弄得全是油了。

跨界产品类型 4：时尚家居

服饰

2016 年 4 月上海时装周，肯德基推出了一系列时尚服饰。红白的配色、代表肯德基的“K”字，以及全家桶样式的肯德基时尚挎包……这些令人惊喜的“化学反应”尽情“刷新”着秀场观众的感官体验。本次时装周上，肯德基携手新锐设计师 C.J.YAO 奉献的这场跨界合作，成功吸引了无数眼球。C.J.YAO 将肯德基的品牌精神与品牌标志颜色等元素融入了服装的设计，以年轻、有趣的风格诠释了都市美食与先锋时尚的奇妙关联。

从 2018 年 10 月 22 日开始，肯德基携手国际知名设计师安娜苏共同打造的 2018 秋冬活力“星”动制服时髦进入北京、上海、广州、深圳等城市的时尚地标餐厅。2018 年 11 月，肯德基推出了以鸡肉为主题的街头服饰，是专门为热衷快餐的顾客设计的。这些合作款服饰并不便宜，单品价格为 20～375 美元，仅在 2018 年 11 月 16 日当天售卖，并且只有在纽约市的一家肯德基餐厅才能买到。

帐篷

2017 年年底，肯德基新发布的一款“互联网逃生舱”的帐篷十分神奇，帐篷在 KFC 官网出售。官宣称：由于网络星期一就要到来，这意味着将有大量的网络干扰形式的交易出现，该互联网逃生舱由钢和不锈钢网、高密度建筑泡沫材料组成，能够最大限度地阻隔网络信号，让你不受电话骚扰，在这个逃生舱内尽情地享受肯德基带来的美味。此外，肯德基还做了一个鸡腿的仿真门把手。这顶圆形的帐篷是限量款，全价高达 96 485.34 美元，但肯德基为粉丝设立了折扣价，折扣价为 10 000 美元。

肯德基的各类跨界产品不仅让消费者眼前一亮，还让消费者感受到了肯德基品牌的有趣与活力，提高了对肯德基品牌的认可，也进一步转化为消费者黏性及持续在肯德基消费的意愿。

【案例分析】

肯德基持续推出跨界创新产品，其核心目标是：努力做到比对手更懂消费者的多元化需求。肯德基出其不意的产品创新手法十分精湛，除不断推出跨界产品之外，其产品模式还有以下四个主要亮点。

首先，快速应对消费者不断变化的需求。肯德基对菜单进行了更新，使菜单更具有本土化特色。肯德基的菜单不断推陈出新，甚至推出了若干款中式食品，很好地抓住了喜欢以粥、油条和煎饼为早餐的中国消费者的胃。

其次，对三、四线城市的经销下沉更彻底。截至 2018 年第一季度末，肯德基餐厅数量达 5602 家，其中 67%新开设的肯德基餐厅都在三、四线城市，这种下沉的开店趋势超过了必胜客。肯德基能够下沉到中小城市，得益于抓住了中国居民生活水平提升和消费升级的趋势，使三、四线城市能够承受肯德基餐点价格，并且靠品牌和便捷等优势迅速占领了三、四线城市的市场。

第三，数字化线上平台的打造。2016 年，在数字化转型概念还没被如此大规模提出的时候，数字化转型已经被提上百胜中国的日程。肯德基成功的数字化转型很好地抓住了移动支付和年轻消费者带来的线上移动消费红利。截至 2018 年 12 月 31 日，肯德基会员数超过了 1.6 亿人，移动支付占到第四季度销售额的 86%，同比增长 11%①。

第四，品牌产品年轻化升级。作为快消品牌，肯德基的品牌年轻化改造十分成功。肯德基不仅选择当期走红的明星作为代言人，还在肯德基品牌创始人卡通形象设计上推陈出新。此外，肯德基非常成功的品牌年轻化创新升级策略就是不断开展跨界合作，让品牌的应用场景和跨界产品突破快餐餐厅的边界，浸透到生活的方方面面，用各种新奇产品抓住了年轻消费者的消费痛点：是否有趣，是否有范儿，是否能够发社交圈“打卡”炫耀。

肯德基的产品创新升级模式主要是通过不断推出跨界产品，吸引消费者关注，并通过 O2O 店铺购买。如今，肯德基在全球的分店已经变成了“流量池”。这些线下“流量池”除了带来稳定持续的现金流，还能随着店铺空间消费者体验的升级，化身为咖啡空间、

① 锐裘. 手握1.6亿会员用户，肯德基才是零售数字化的猛将. 锐裘零售观察，2019-02-27. http://m.sohu.com/a/298069534_650513.

社交空间、阅读空间、时尚空间、购物空间、健身中心、音乐空间、电竞空间、个人避世“小黑屋”等。肯德基在原有餐厅空间上创新升级的成本比完全新建一个空间的成本低，其产品创新的收益非常可观。

肯德基跨界产品策略如图 3-1 所示。

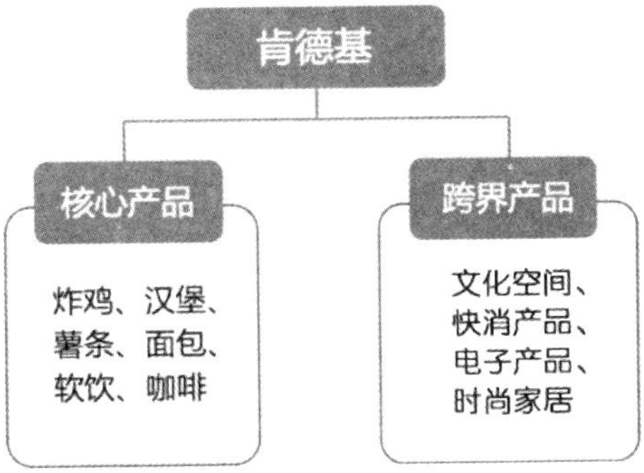

图 3-1　肯德基跨界产品策略

3.2　流量转化：互联网餐饮需要“真客户”

“互联网+”与传统餐饮的结合产生了一个新的行业——互联网餐饮。在互联网、大数据、云计算等多种技术外力和餐饮运营模式创新的双重推动下，互联网餐饮一度成为行业创新和资本追逐的热点。

2016 年 3 月 1 日，商务部发布《关于推动餐饮业转型发展的指导意见》，鼓励餐饮企业运用互联网、大数据、云计算等技术提高管理水平，推动餐饮实体店开展电子商务应用或与网络服务平台深入合作，积极开发网上营销、在线订餐、电子支付、美食鉴赏、顾客点评等功能，大力发展外卖和外送服务模式，实现餐饮服务的O2O融合创新发展[①]。

互联网餐饮早期“探路者”尝到了甜头。2012年7月，31岁的赫畅创办了互联网餐饮品牌黄太吉，主打煎饼等套餐，那时“互联网+”思维刚刚起步，赫畅运用互联网的营销手法，如扫码点餐、传播针对年轻白领的趣味文案、开豪车送煎饼、“最美老板娘”等，很快征服了第一批顾客。据说，在黄太吉运营的第一年里，赫畅通过出色的营销使黄太吉获得了700万元的营收。2013年6月左右，黄太吉顺利拿到天使轮融资，估值4000万元，创业工场创始人麦刚、时任百度副总裁的李明远、艾瑞咨询的总裁杨伟庆等投资了“数百万元人民币”。黄太吉的项目估值一度高达10亿元人民币，当时黄太吉提出的愿景是“做中国的麦当劳”。

之后，互联网餐饮这种新的概念，即互联网与实业创新升级成功结合的模式，在2016—2017年达到资本追逐的顶峰。以O2O外卖品牌和平台为例，据行业媒体不完全统计，2016年获得融资的外卖品牌及外卖相关业务品牌事件有62件，其中获得融资的外卖品牌（包含占比较高的外卖业务品牌）有48个，占比77%；2017年获得融资的外卖品牌及外卖相关业务品牌事件有42件，其中获得融资的外卖品牌（包含占比较高的外卖业务品牌）有23个，占

① 商务部关于推动餐饮业转型发展的指导意见.国商务部服务贸易和商贸服务业司，2016-03-11. http://www.mofcom.gov.cn/article/b/xxfb/201603/20160301273684.shtml.

比 55%[①]。这些融资项目中，既有在 2017 年 10 月拿到阿里巴巴 10 亿美元投资的外卖平台巨头饿了么，也有融资数百万元的隐食记、食云集这样的新兴互联网餐饮品牌。在获得融资的外卖品牌主打产品品类中，传统的快餐品类依然是大多数投资人比较青睐的项目，2017 年烧烤类、火锅类、咖啡类的投融资事件相比 2016 年有所下降。

基于传统餐饮产业链，互联网主要与产业链前后端结合，为餐饮行业赋能。互联网与传统餐饮产业链的餐饮前端结合主要集中在店面服务端，主要包括管理服务、人才服务、技术服务、营销服务和支付金融服务等五个环节，互联网、大数据及云计算技术可以助力餐饮店面优化门店经营效率、提高消费者体验；互联网与餐饮后端结合包括供应链服务和餐饮金融贷款服务两部分，主要助力解决餐饮店铺食材等原材料供应和资金流通问题。

下面我们将餐饮行业按照用户端和餐饮商家端来分析。餐饮用户端对互联网的触达方式经历了这样一个演变过程：一是早期的团购模式培养了新一代线上餐饮消费群体；二是经历了外卖业的发展，并成为当前餐饮渗透率最高的线上餐饮用户触达方式，随着外卖消费群体的剧增及互联网信息服务的完善，私厨、高端餐饮、有机饮食等细分市场也开始形成。

如今，“80 后”“90 后”这些伴随着互联网成长起来的年轻群体逐渐成为消费主力。他们对便捷性、个性化和品牌化的要求进一

① 独家 2017 年外卖品牌投融资报告，外卖融资占比近 5 成，迎来洗牌期. 外卖老板内参，2018-01-06. https://baijiahao.baidu.com/s?id=1588834558030298982.

步提升，对餐饮行业精细化、数据化运营能力的要求越来越高。据艾瑞咨询统计，2017 年中国餐饮 O2O 行业市场规模已达 7799.6 亿元，较去年同期增长 87.0%，行业发展速度显著[①]。

餐饮商家端在互联网、大数据及云计算技术的推动下，通过餐饮 SaaS（Software as a Service，软件即服务）工具和平台的帮助，餐饮企业逐步从传统运营迈入数字运营时代。餐饮供应链的互联网化整合也在持续推动餐饮企业在供应链上游的数字化进程。

据《2019 年中国餐饮 O2O 行业发展现状分析与市场前景预测报告》统计，目前我国餐饮 SaaS 软件市场渗透率不足 1%，还需要破局者建立行业标杆效应，拓展更多的行业份额。同样报告利好的预测显示，我国餐饮 SaaS 软件市场渗透率将在未来持续增长。然而，各类咨询机构对互联网餐饮市场的乐观预测，也抵挡不住 2018 年互联网餐饮行业的发展颓势。几种主要的迹象表明，2018 年后的互联网餐饮在发展方面遭遇了“冷冬”，其原因主要包括以下几个方面。

第一，投资环境的改变。2017 年 11 月，经国务院同意，被称为“史上最严的资管新规”的《关于规范金融机构资产管理业务的指导意见（征求意见稿）》公布[②]。2018 年 4 月，资管新规正式出台。它对私募行业最核心的影响是——原本由银行通过理财资金错配和结构化配资流入私募股权市场的钱，被资管新规瞬间切断，而

① 中国外卖 O2O 行业发展报告. 艾瑞网，2017.

② 关于规范金融机构资产管理业务的指导意见. 中国人民银行等，2018-04-27. http://m.safe.gov.cn/safe/2018/0427/8876.html.

银行系统本是一级市场的主要资金源。根据投中研究院 2018 年上半年 VC/PE 统计报告，受资管新规等因素影响，上半年 VC/PE 市场基金募集态势表现低迷。2018 年前六个月的完成募集基金规模和数量大幅下降。完成募集基金规模折合 341.12 亿美元，同比下降 74.59%；完成募集基金数量 425 只，同比下降 19.51%[①]。创业创新项目投资纷纷转向回收周期相对较短，投资回报更有保障的领域。互联网餐饮行业以互联网思维运作传统的餐饮行业，在整个产业链注入互联网和信息化数据的创新融合及改造，前期投入巨大，提高了餐饮店铺的运营成本。另外，外卖平台巨头已经形成，新项目进入外卖领域市场可发挥空间非常小，难以与巨头相抗衡。

第二，基于流量池的互联网思维在客户流量获取与转化上效果有限。例如，风光无限的早期互联网餐饮企业黄太吉在发展后期已经败下阵来。黄太吉创始人赫畅在 2014 年融资后，就以多个子品牌布局的运营战略来突破主打产品煎饼在顾客三餐中的限制。黄太吉在 2014 年就陆续推出了炖菜品牌牛炖先生、大黄疯小火锅、来得吉外卖、从来饺子馆等新品牌，开始向多品牌矩阵进化。然而，由于黄太吉在自身品牌的口碑尚不扎实的情况下就推出若干个子品牌，不仅没能延续热度，黄太吉还面临着客流量和口碑的双下滑。用多个品牌攻克 C 端市场未见成效，黄太吉又定位为打造全产业链生态，自建中央厨房，自营外卖渠道和配送，通过抽成方式和入驻第三方合作，但是品牌方们很快就因为成本太高而纷纷撤走，外

① 私募募资规模大降七成，上半年“募冷投热”趋势明显. 第一财经日报，2018-08-08. http://finance.sina.com.cn/roll/2018-08-08/doc-ihhkuskt4596092.shtml.

卖工厂也陷入关停状态。用互联网流量池思维来经营传统餐饮，容易造成战线过长、品牌过多，导致客流分散及口碑流失。

第三，“网红”经济和爆款事件营销的互联网传播方式效果下降。互联网餐饮兴起的早期，由于餐饮信息共享和传播效率的提升，顾客的消费升级及需求多元化、小众化，使一些充满创意的小众餐饮项目在互联网和顾客口碑营销的助推下，快速成为“网红”，造成大量顾客蜂拥而至、一餐难求，让互联网餐饮企业尝到了甜头。但是，随着这样的方式越来越多，顾客的选择和信息获取渠道也越来越多，网红产品和品牌由盛转衰。如曾经火爆的“脏脏包”在仅推出几个月后，已再无排队三小时、100 多元代购一个的盛况；红遍整个上海、网红餐厅的鼻祖“赵小姐不等位”悄然关闭；因“ins 风”而受女生追捧的乌云冰激凌也纷纷关店……虽然在外观、营销上各有所长，但是顾客的耐心和好奇心是有限的，如果仅仅改变店铺和食物的外观或制造一些吸引顾客眼球的营销事件，“过气”也是在所难免的。

【案例分析】

互联网餐饮企业应如何走好未来的客户流量转化之路？企业可以通过以下三个途径实现互联网流量转化为实际的客户价值和项目营收。

首先，外卖服务依然是未来互联网餐饮发展势态较好的应用领域。互联网餐饮的本质是互联网技术为餐饮赋能，赋能的根本在于通过互联网技术帮客户和商家节约时间或成本，目前互联网外卖平台方式比较符合这个要求。

对客户而言，外卖平台能够提升客户用餐便捷性、节约客户成本，比较适应主流客户的餐饮消费习惯。据统计，2016 年，我国“80后”和“90后”人口已突破4亿人，占全国总人口的近1/3，他们是餐饮消费的主力军。相关数据显示，美团和大众点评 App 的消费人数比例中，20～35 岁的年轻人占比均为 74%，而这类人群对于消费额的贡献占比也超过七成[①]。报告显示，2016 年外卖行业总体交易额超过 1500 亿元，占餐饮业总体大盘的 4%，增速迅猛。外卖消费已经超出正餐的范畴，美团外卖有 25%的订单量产生在早餐、下午茶、夜宵等非正餐时段。

对餐饮商家而言，随着物价上涨，店铺租金不断上涨、人力成本节节攀升、原材料水涨船高已成为压在餐饮经营者头上的三座大山。外卖这一餐饮模式降低了餐厅对线下客观条件的依赖度，餐厅所处的位置、门店面积的大小、服务人员的多少不再直接影响餐厅的经营情况。外卖这一新模式能够为商家节约成本，提升单店产出。

其次，互联网餐饮的核心业务不是互联网，而是餐饮。互联网思维只是运作餐饮的思路，而客户最直接的体验还是餐饮的口味和质量。食物的品质是商家生存的根本，互联网餐饮企业应以客户口味为出发点，不断迭代推出符合客户口味的餐饮产品。

不管如何用互联网思维来运作传统餐饮业，客户最本质的体验还是品尝食物的味道，这是最基本的获客条件。如果食物口味不佳，客户会毫不犹豫地抛弃这个互联网餐饮品牌，如曾经在营销上花了

---

① 2017 中国餐饮报告. 美团点评，2017-05-11.

很大力气的互联网餐饮品牌——雕爷牛腩。雕爷牛腩餐厅是由自称“雕爷”的孟醒一手打造的，该餐厅定位为“轻奢餐”，主打新中式创意料理，其中牛腩菜品最为出色。2011 年，孟醒从“香港食神”戴龙处购得烹饪牛腩的秘方，在此基础上开发出招牌菜品“食神牛腩”和“鲍鱼骨汤牛腩面”。雕爷牛腩在 2016 年 COO（首席运营官）穆剑“出走”后的一次采访中披露了雕爷牛腩的运营问题：尝鲜型客户占总客流量的 60%，老客户仅占客户总数的 10%～20%；菜单设置不合理，核心产品种类少、不推新，菜单更换随意，产品研发不经调研，费用超支；创始人过于理想化，主观色彩浓重等。雕爷牛腩的人均消费在 150 元左右，由于其不注重菜品的口感和品质，最终导致店面亏损停业。雕爷牛腩官网显示，北京地区共 8 家门店，而大众点评可查营业中仅有 4 家。除 2013 年获得 6000 万元融资外，雕爷牛腩再无投资进账，而 2015 年在新店的开业筹备过程中，还开放了众筹。

最后，互联网餐饮的本质依然是餐饮业务。互联网事件和“网红”营销最终只是让客户知道有这样一个品牌或 O2O 店铺，只有将客户体验发挥到极致，并且有温度、有情感、有人性关怀的品牌才不会轻易被客户淘汰。

互联网餐饮可以通过培养客户 O2O 社群的方式，增强客户的黏性，让客户对品牌产生归属感和依赖感；还可以通过线下无微不至的店内服务，让客户在店里消费的时候感受到与其他店不一样的服务体验。如果说食品品质是互联网餐饮生存的基本技能，那么 O2O 服务的持续投入就是让互联网餐饮在客户中获得良好口碑的利器。

总而言之，要想做好互联网餐饮，就不能仅仅将互联网技术与传统餐饮行业产业链条上的某个或某些环节机械地结合在一起，不要将餐饮公司改造成互联网产品公司；而是要灵活地运用互联网技术，提升餐饮产品品质和服务品质，为客户创造比之前更好的用餐体验。这是餐饮行业更“互联网化”、更“智能化”后也不能忘记的初心。

互联网餐饮流量转化客户价值模式如图 3-2 所示。

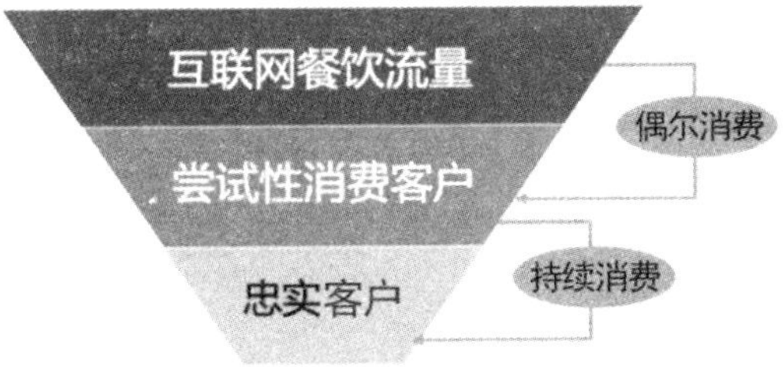

图 3-2　互联网餐饮流量转化客户价值模式

3.3 构建生态：腾讯的新文创产业生态

我们常听说企业“打造产品 IP”，IP 是“Intellectual Property”的缩写，也就是大家常说的“知识产权”，包括音乐、文学和其他艺术作品、发现与发明，以及一切倾注了作者心智的语词、短语、符号、设计等被法律赋予独享权利的“知识财产”。

知识产权存在已久，为何在文创产业内，它摇身一变成了企业追逐的焦点呢？因为随着互联网和其他信息传播媒体的迅猛发展，互联网信息日益透明化、扁平化，利用市场信息不对称来赚取利润的做法越来越具有挑战性。同时，在文创产品制作工艺技术日益同质化、文创题材趋同化的今天，文创产业的企业管理者们将构造文创产品和服务关注的重心，从产品的制作过程前移到了创意过程。不像过去文创产品具有独占传播媒体渠道和制造技术等优势，今天的文创产品好不好，本质上不再是拼艺术设计、技术含量和投放渠道，而是在拼产品内核创意。这些产品中蕴含的创意，也被文创企业视为一款主要产品，谁能想出独一无二的优秀创意，谁有好的设计、构思、表达和运作方法，谁就有可能掌握先发优势。

文创内容及独家 IP 商业化运作已成为文创产业的关注重点①。有了 IP，再找到制作团队生产出文创产品成品并非难事。同一个制作公司利用同样的制作流程，就能够生产出不同的文创产品，而 IP 显然是文创产品制造过程中最具有排他性的核心部分。我国在几年前就提出了从“制造”到“创造”的国家战略的转变，这个转变是适用于全行业的。

在这个背景下，IP 成了核心产品，文创产业链的上下端也发生了改变，IP 逐渐占据文创产业链上游的重要位置。腾讯公司这一文化创意产品巨头已经布局了多个文创产业链，包括腾讯动漫、腾讯游戏、腾讯影视、腾讯文学等，全生态，多布局。随着布局

---

① IP 经济促进文化内容消费升级，文创领域是一块热土. 中国日报中文网，2018-06-07. http://chuangxin.chinadaily.com.cn/a/201806/07/WS5b8caf8ba310030f813e9cb9.html.

的推进，腾讯公司首先要做的就是突破文创产业最核心的技术壁垒——打造优秀的文创产品 IP。

腾讯公司于 2011 年提出“泛娱乐”的概念，又在 2012 年提出泛娱乐战略。“泛娱乐”成了一个新的产业名词，腾讯公司敏锐地注意到未来的一切都可以开放、共同协作、联合创造，唯独 IP 是文创产品最核心的技术壁垒，IP 成功是文创产品市场成功的重要保证。IP 包装上动画的外衣，就是动漫产品；IP 包装上电影的外衣，就是电影产品；IP 包装上游戏程序，就是游戏产品……IP 如同一个核心多用插口，可以插上不同颜色的灯泡，发出不同的光彩。

如今，IP 早已成为行业普及的概念，而且围绕 IP 的打造、行业的协作，产业的逻辑以及整个商业的生态都发生了非常大的改变。泛娱乐相关的各个领域，不但不再孤立发展，而且都拥有了更大的发展空间。大众对泛娱乐一词也已不再陌生，泛娱乐产业早已不仅仅是传统文化与娱乐产业的融合，而是正在朝着消费方向全面展开，涵盖可消费的体育、智能设备、商业等多种产业内容。

工信部发布的《2018 年泛娱乐产业白皮书》显示，以 IP 为核心，游戏、动漫、文学、影视、电竞和视频等多元数字内容互融共生，发展迅猛。2017 年，相关产业共创造了超过 5000 亿元的核心产值，在数字经济中的比重已经超过了 1/5[①]。

从提出泛娱乐战略至今，腾讯通过内部孵化、投资并组建了“互

① 2018 年泛娱乐产业白皮书. 工信部，2018-03.

动娱乐事业群”，建立起一套完整的产业链结构。至2018年，腾讯已经构建起阅文集团、腾讯电影、腾讯游戏与腾讯动漫四大业务。其中，腾讯动漫和阅文集团生产和孵化IP，腾讯电影和腾讯动漫输出动画、电影、网剧网综内容，同时借助分发平台腾讯影业将IP进一步孵化扩大，腾讯影业与腾讯游戏一起负责文创IP变现。

2018年4月，腾讯集团副总裁程武宣布腾讯战略将由“泛娱乐”升级为“新文创”。根据程武在2018年第一次新文创生态大会上的讲话，此次升级有以下两个核心升级点。

第一个升级点，更系统地关注IP的文化价值构建。其实，泛娱乐产业本质上就属于数字文化，而过往可能更多关注的是产业价值的实现，未来我们要重点考虑的是，一个IP是否有文化价值以及如何去提升它的文化价值。

第二个升级点，打造IP的方式、方法升级。文化是超越产业的特殊存在，所以做文化不是孤立、封闭的事业，只有把各种协作主体、文化资源及创意形式广泛地连接起来，才能实现更高效的数字文化生产。

“泛娱乐”是以文创IP授权为核心，以游戏运营与网络平台为基础的跨领域、多平台的商业拓展模式；“新文创”是更深入的文创生态发展战略，通过更广泛的主体连接，推动文化价值和产业价值的协同发展，从而实现更高效的数字文化生产和文创IP构建。

【案例分析】

如果说泛娱乐是指腾讯内部的各类文创企业和文创产品以产品IP为核心打造文创产品族群闭环的产业更新策略，新文创则是指腾讯将经过6年沉淀和积累的产品IP闭环打造能力和商业模式开放到更广阔的市场，甚至突破文创产业圈的边界，将腾讯在文创IP及其衍生的各类文创产品和服务经验，为之前未涉及的文创市场（如博物馆等），甚至非文创产业（如商业综合体等）的创新升级。而实现这个战略目标的手段就是科技，包括更好的移动通信技术5G、大数据、云计算、AR/VR、人工智能等各类技术，技术助推数字文创为主导的“新文创”产业创新升级。

腾讯新文创产业生态发展战略对文创产品制造企业的启发包括以下三个方面。

（1）内容IP打造与先进技术结合。内容IP与先进技术是文创产品成功的保证。美国的文创内容产业以电影为产业链核心，采用标准化流程进行集体创作，同时积极吸纳前沿科技，将大数据、人工智能、AR/VR、3D打印、5G等更深入地应用到文化内容生产中，内容与技术的结合推动了体验的升级。某动漫公司将先进技术应用在声效制造、色彩、CG特效、3D建模技术等方面，将影视作品中人物的毛发加入仿真特效，精心打磨文创产品的质量，最终赢得了观众对文创产品的赞赏。

（2）打造精品IP群及组建IP生态。单个文创IP打造的成功只是产业链的开端，企业应根据市场及客户的需求，以该IP为核心打造出系列衍生IP及周边产品，并快速打通上下游产业链。同时，围绕IP的周边小说、游戏、影视作品等实现跨生态变现。

（3）文化与产业相结合。国内的文创IP产品内容创作体系仍需要提升与完善，某个成功文创IP在短期内取得了市场的成功，但是一旦风头过去之后，就难以产生持续的效益。本质上，文创产品 IP 打造缺乏长线培育精品 IP 生态群的意识与策略。腾讯提出新文创，就是要以核心 IP 构建为主要生产方式，打造出更多受欢迎的中国文创 IP 产品符号。

新文创战略模式如图 3-3 所示。

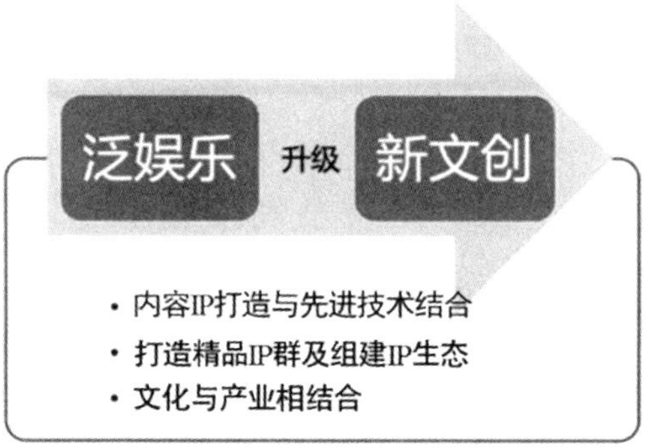

图 3-3　新文创战略模式

3.4　凸显自我：新国货引领新时尚

如果你看到一位 20 岁出头的年轻人，穿着 20 世纪 60 年代时流行的红色波点洋装连衣裙，踩着白色回力球鞋，去买玻璃瓶装的上海六神花露水，或排队抢购上海冠生园食品有限公司出产的大白兔奶茶，千万别以为她已经被时代潮流抛弃，也许她正走在时下中国“新国货”流行潮流的前端。

如今，被称为“Z 世代”的“95 后”“00 后”年轻人已逐渐成长为中国时尚产品的消费主力。据《2017 网络时尚消费趋势报告》

显示，与以女性作为消费大军的传统时尚产业不同，潮牌的男装比例超过 70%，而“95 后”和“00 后”已经成为拉动线上潮牌消费的主力群体[①]。

中国年轻消费者之前追捧的潮牌基本来自欧美与日韩，他们以为潮牌文化的核心是美国嘻哈文化和黑人文化风格。在不少自称“潮人”的心中，站在潮牌级别顶端的是美国潮牌 Supreme、Stussy、Undefeated、Off-White 等，它们被潮牌圈视为最正统的继承者。这些品牌的设计理念都源自美国街头文化，融合了嘻哈、街舞、滑板、篮球、DJ 等元素，表现出年轻人对独立、个性和反叛的追求，是青年亚文化的集合。日系潮牌有川久保玲的 Commedes Garcons、原宿的著名潮流服饰品牌 Bape、牛仔裤品牌 Evisu 等，香港潮牌有 Clot、Cmss 等，欧洲潮牌有 Acne、Superdry 等，这些品牌在设计风格上都忠实于美国街头滑板文化。

以前，年轻的潮人们认为穿着一身欧美文化风格的潮牌，能够体现自己的独特品位和消费能力，还能用服饰表达独立自主的精神主张。然而近年来，中国潮牌市场上涌现出一批与欧美风格具有明显差异化的潮牌产品——带着“中国风”设计元素的产品，摇身一变，成为一系列新国货时尚产品，走上国际时装周的 T 台。同时，靠着一些全民偶像的超强“带货”能力，穿在他们身上的新国货，俨然成了粉丝们争相购买的抢手货，粉丝们以此表达自己追随偶像的决心。

这些产品体现的中国民族品牌核心价值和精神不变，但是在与

① 2017 网络时尚消费趋势报告. 第一财经商业数据中心，2017-02-20.

时尚结合上充满了各种创新和自我表达，快速逼近长期占领国内潮流圈流行趋势的欧美潮牌，逐渐成为国内“Z 世代”的潮人追捧的爆款产品。“新国货”指的是有一定国民品牌声誉的国民品牌 IP，融合服饰、美妆、装饰品等时尚单品而推出的各类创新升级产品。

下面为大家提供几个具有代表性的新国货案例。

案例 1：李宁

2018 年，李宁品牌正式亮相纽约时装周 2018 秋冬秀场，以“悟道”为主题，坚持国人“自省、自悟、自创”的精神内涵，用运动的视角表达对中国传统文化和现代潮流时尚的理解，在世界顶级秀场上完美演绎了 20 世纪 90 年代复古文化（如大红大黑正楷中国字、体操王子 18 岁夺得奥运冠军的新闻照片等）、现代实用街头主义和未来运动趋势（如解构主义、老爹鞋等）三大潮流方向，向全世界展现了中国李宁的原创态度和时尚影响力。

2019 年，李宁携 2019 秋冬系列产品再次亮相纽约时装周。李宁在纽约时装周独立开秀的主题为“行”，取自《荀子 • 修身》中的“路虽弥，不行不至”（虽然路很近，但不走是到不了终点的——路是走出来的），将中国传统文化渗入现代流行文化之中，打造出了独具气质的潮流产品。此次设计上偏登山越野风格，将中国山水与户外运动旅行文化加以结合，展现了中国“天人合一”的特色文化色彩。

李宁的强势宣传和事件营销，带动了以时尚产品为主的中国新国货潮流，也开拓了一个新的细分垂直市场。新国货让年轻人突然发现复古也能时尚，现代的潮流设计完全可以赋予中国文化的内涵。

案例 2：“老干妈”

李宁在秋冬纽约时装周上大放异彩之后，“国民女神”陶华碧带领“老干妈”不仅占领了美国的各大华人商超，还开始走进时尚圈。2019 春夏纽约时装周“中国日”第二季活动拉开帷幕，各大国牌潮流单品悉数亮相。不过出人意料的是，最吸引国内网友的竟是一款“老干妈”潮流卫衣。

陶碧华就这样不仅征服了人们的胃，还开始征服时尚圈。这件红色连帽卫衣，印花图文是“老干妈”的品牌 Logo，左侧衣袖印有“国民女神”字样，右边衣袖印有英文字样，中西搭配，时尚感十足。

2012 年 7 月，据说美国奢侈品电商 Gilt 把“老干妈”奉为尊贵调味品，限时抢购价 11.95 美元两瓶，称其为全球顶级的辣椒酱之一。“老干妈”这样早已海外知名的国货 IP，如今推出周边产品时尚卫衣，真是顺应了潮流趋势。

案例 3：六神

“Z 世代”的年轻人一定记得在他们小时候，如果在洗澡盆里滴入一些六神花露水后，那种沁人心脾的香气和皮肤清爽的感觉吧！六神品牌发展到今天，其产品已家喻户晓不再新鲜，但是作为一个经典品牌，六神玩起新国货潮流来一点儿不逊于其他企业。

2018 年 6 月，六神与知名调味鸡尾酒品牌 RIO 来了一次让人意想不到的跨界合作，推出了一款花露水风味的鸡尾酒。想起小时候，当看到六神花露水透明玻璃瓶内装着的纯净绿色液体时，耳边总能回响起爸妈的叮咛：不要把花露水吃到嘴巴里啊。但内心就是痒痒的，总有尝一口的冲动。现在满足这种冲动的机会来了，六神与 RIO 联合推出的六神花露水风味的鸡尾酒，“一口入魂，两口驱蚊”，放心喝，六神花露水口味的鸡尾酒里没有花露水成分！此款鸡尾酒的外包装与拥有 28 年记忆的经典绿色玻璃瓶花露水的包装非常相似。同时，六神与 RIO 有很多产品的共性——同为玻璃瓶身、产品都含有酒精、同样给人清凉感觉。此次，二者联合推出的新产品颠覆了人们的想象，却能让人一笑而接受。

六神花露水风味的鸡尾酒上线开售当天，短短 17 秒，限量供应的 5000 瓶就被抢购一空；亮相半小时，即引来超 4 万人围观，其中新客占比高达 85%；整场活动下来，六神花露水售出累积超 40 万瓶，稳居类目第一。这次爆款式的跨界营销，让六神变身为“国货网红”，也让六神一举夺得“2018 新网商营销大奖”，品牌跻身新营销实力圈。

案例 4：百雀羚

20 世纪 30 年代的上海，不管是当红小花，还是上流名媛，乃至驻外公馆的夫人们都以“穿最时尚的旗袍，用最润的百雀羚”为潮流风向标。年近百岁的百雀羚是“Z 世代”的父母小时候的润肤利器。百雀羚也要搭上这场新国货的潮流。

2018 年的“618”购物节，百雀羚针对复活系列护肤品，打造了一个消费新场景，美其名曰：复活仙饮店。另外，百雀羚为京东“618”百雀羚旗舰店独家定制了仙饮礼盒，礼盒设计风格是仙气满满的画风和草本环绕的仙饮杯造型，让消费者一眼便能从众多产品中区分出这款独特的产品。在礼盒内部，除了复活系列产品，还附赠“仙气缭绕”的饮料杯，让消费者用仙饮复活肌肤的同时，还能真的用杯子喝杯饮料，让心情也原地复活。

为了让广大消费者深刻理解自己的用意——复活系列护肤品就像给肌肤喝一杯滋补饮料一样有效，百雀羚跨界联合美团，将“复活仙饮店”开到了美团外卖 App 里，在新平台创造出新的消费场景。估计很多顾客真的抱着点餐的心情在点购这款化妆品礼盒吧。百雀羚深入洞察女性消费者痛点，将女性关心的熬夜、压力、肌肤问题通过精彩的文案表现出来，迎合消费者诉求，同时给予解决方案，深入打动女性消费者，做到了品牌和目标消费者的有效情感沟通。

案例 5：螺蛳粉香膏

据传，螺蛳粉起源于唐代。唐代文学家柳宗元被贬来到广西柳州市任职，由于心情不好、水土不服，他不思饮食、身体欠安，医生不知所措。时任府中大厨师的周万福也十分焦急，不知如何是好。一天，他到柳江边洗菜时随手捡回几个螺蛳，精心做了一碗螺蛳粉，柳宗元非常喜欢。从此，柳州的螺蛳粉历时千年，旺销不衰，成为柳州的传统美味小吃。虽然关于螺蛳粉起源的传说还有很多，无从考证，但螺蛳粉发展至今，已成为柳州的一张特色城市名片。2008 年，柳州螺蛳粉手工制作技艺入选广西壮族自治区第二批非物质文化遗产名录。2019 年 3 月 21 日，螺蛳粉发源地广西柳州官方表示，螺蛳粉现在是广西非遗，正逐步申请国家和世界级非遗。柳州也建起了螺蛳粉产业园，螺蛳粉已与金嗓子喉宝一样成为柳州这座重工业城市的核心轻工业 IP，袋装速食螺蛳粉远销欧美。

螺蛳粉有一股特殊的味道，可能有些人刚刚接触时会无法接受。螺蛳粉是由螺蛳肉和各类中药香料熬制而成的，因此螺蛳的腥臭已经被香料去除。螺蛳粉的臭味主要来源于螺蛳粉的配菜——发酵工艺腌制成的酸笋，是螺蛳粉的核心配菜之一。

2019 年，天猫发起国货跨界潮流节，螺蛳粉根据自己独特的气质味道，推出了一款固体香膏。该产品的宣传语是：夏天你走过时，风吹过的味道，是你独属的味道。螺蛳粉味的香膏味道独特，受到不少喜欢吃螺蛳粉的顾客的欢迎。

时下天时地利人和，新国货已经形成一个新兴的垂直细分市场，并且呈现出蒸蒸日上的态势。天时在于中国经济发展和国际影响力的提升；地利在于中国悠久的历史和沉淀下来的民族文化，以及大量的经过岁月打磨的老字号商品；人和在于以“Z 世代”为主的新国货消费群体具有独立自主的品位及对国货较高的认同感，也在于这些国货层出不穷的品牌年轻化市场实践。

【案例分析】

新国货如何才能成功？国货的品牌年轻化、时尚化，本质上在于企业产品创新策划能力。中国拥有很多民族国货，这些国货以“衣食住行”为场景载体，通过跨界合作的途径，推出了一款款能够让年轻消费者感觉有趣、能够产生“化学反应”的新品。在进入新的产品领域之后，国货原有的产品属性不一定具有市场优势，虽然自身 IP 的知名度让不同的国货站在了不同的起点上，但最终拼的还是跨界营销和产品设计的创新，这是新国货市场反应效果的真正保证。

上面的五个案例就说明了这一点。李宁是国民大品牌，从国潮系列单品的设计到品牌元素、品牌故事的策划，都是国内一流的，展现了国民第一运动品牌与传统文化融合创新的实力；“老干妈”依靠优质的产品质量跻身国际知名辣酱品牌，IP 知名度很高；陶华碧坚持将自己的头像印到产品外包装上，数十年如一日，各位“老干妈”粉看到她的头像就倍感亲切，跨界推出卫衣，品牌 IP 优势十足；六神作为拥有悠久历史的品牌，找到一个与自身品牌气质接近的伙伴跨界合作，并且利用两个品牌产品的共性和个性产生了助推传播的化学反应，使两个产品高度融合；百雀羚说了一个产品故事，但是换了一个故事发生的场景，让年轻人感觉到百雀羚潮味十足；螺蛳粉开了一个玩笑，无伤大雅，表达了一种幽默自嘲的气质，在产品营销上成功吸引了消费者的眼球。

总之，新国货创新商业模式是“产品 IP+媒介（衣食住行）+营销策划”的融合——原有国货产品在产品功能属性边界内的颠覆式创新空间不大，如“老干妈”IP 是辣酱、李宁 IP 是运动服饰等。另外，是否能赢得竞争还在于营销品牌咨询策划的创新性和投放效果。新国货潮流之争，将是一场对产品属性发散式想象和品牌营销创新之争。

新国货创新商业模式如图 3-4 所示。

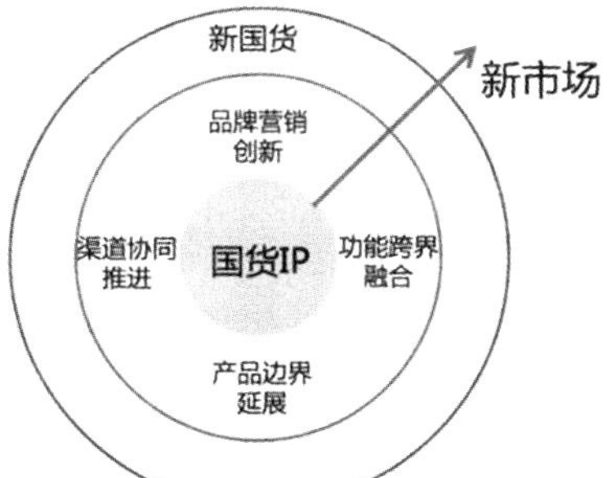

图 3-4　新国货创新商业模式

3.5 活力再造：零食品牌的年轻化进程

比起“70 后”缺少零食的朴素生活，“80 后”就幸福多了。“80 后”的课外娱乐时光，是泡在各种零食和红白游戏机里的。还记得上小学的时候，一放学，大家就背起书包，飞快地跑到学校附近的小卖部或路边摊，拿着手里的零花钱买各种奇特的零食。小卖部一旦推出新的零食，就会迅速被大家围观并抢购一空。

“80 后”的零食极其丰富，每一位“80 后”，不管身在何方，至少见过以下一款或几款零食：牛皮糖、猴王丹、话梅糖、大白兔奶糖、西瓜泡泡糖、无花果干、牛轧糖、麦丽素、米花棒……

未来，“80 后”对于零食的消费主要集中于为下一代购买上。休闲零食也面临客户年轻化的市场挑战。

休闲零食是指携带方便、能够满足多维度需求和消费场景、非正餐的即食类食品，主要包括坚果炒货、饼干糕点、糖果布丁、饮品饮料、肉制食品、膨化食品等。据统计，2019 年中国休闲零食市场规模超过 5000 亿元，并且随着居民生活水平的提高，年复合增长率维持在 6%以上。休闲零食的销售渠道依然以超市、便利店占比较高，但随着电商平台的发展，休闲零食通过电商平台的销售额占比从 2011 年的 0.3%提升到 2018 年的 8%左右①。

虽然休闲零食行业规模在稳步扩大，但是休闲零食行业面临着竞争日益激烈和消费者年轻化需求不断高涨的双重市场挑战，主要体现在以下三个方面。

---

① 2019 年休闲食品行业市场前景研究报告. 中商产业研究院，2018-04.

首先，休闲零食竞争日益激烈，部分品类甚至出现供大于求的现象。休闲零食行业的进入壁垒相对较低，数据显示，2011—2017 年我国食品饮料行业制造企业的数量始终持续增长。2017 年年底，我国食品制造规模以上企业已达 9235 家，饮料制造规模以上企业为 7122 家，2011—2017 年复合增速分别为 5.65%和 7.58%[①]。休闲零食产品竞争趋向同质化，行业产能出现过剩现象。

其次，“90 后”与“00 后”逐渐成为休闲零食的主要消费群体，他们在追求品牌的同时也重视食品健康、品质、包装、个性化和便利性。这群年轻消费者对休闲零食的需求不断高涨，符合口味和个性化的新产品却比较少，“网红”休闲零食更新快，导致符合年轻消费者需求的休闲零食供不应求，消费者宁可长时间排队购买一款“网红”零食，也不愿意购买其他产品。

最后，受益于跨国贸易开放和物流的便利，大量海外休闲零食品牌进入我国市场。之前国内消费者没有见过的产品和品牌展示在新兴年轻消费者面前，增加了他们对休闲零食的选择；并且物流存储费用的降低推动了海外零食售价的降低，也进一步加剧了国内休闲零食市场的竞争。

面对新的市场环境，一批资深零食品牌呈现出高品牌知名度、低客户认可度的品牌老化趋势。品牌老化让企业原有的市场被新出现的竞争对手抢占，并且消费者比较关注新的休闲零食品牌，尤其是一些“网红”品牌，也更易于购买该品牌推出的其他新品类零食单品，进一步影响了资深零食品牌的市场占有率。资深零食品

① 2018 中国食品饮料行业品牌年轻化研究报告. 前瞻产业研究院，2018-12-16.

牌行业领军企业在新常态下发展遭遇瓶颈。

以“90后”“00后”为代表的新消费群体，其消费理念、消费方式、消费意愿等与传统消费者的消费观有所不同。他们普遍消费开支大，尝新意愿强，很多时候追求“个性化”消费。因此，为了迎合主流消费群体，“品牌年轻化”已成为零食品牌，尤其是资深零食品牌的重要市场战略。

下面为大家列举以下三个零食品牌的品牌年轻化案例。

案例1：奥利奥——泛娱乐化：能用饼干播唱片，还能用饼干打游戏

2017年，奥利奥上线了一款科技感十足的产品——“奥利奥音乐盒”，奥利奥饼干摇身变成了“超小唱片”，还拥有“咬一口就能切换音乐”的智能模式。

当顾客将一块圆形的奥利奥夹心饼干放到黑胶唱片播放机上，并认真地摆上唱片探针的时候，奥利奥饼干就如同黑胶留声机一样，开始旋转起来，唱片机接着开始播放好听的奥利奥广告曲。

如果顾客要切换歌曲，非常简单，只要取下奥利奥饼干，咬上一口，然后放回去，摆上探针，神奇的事情就发生了——唱片机根据放置在音乐盒上的饼干形状的变化，自动切换歌曲。当消费者饿了，还可以咬一口饼干填填肚子。

“边吃边听歌”技术的实现，依赖的是音乐盒饼干放置区域呈环状分布的五个重量传感器。它相连的系统会自动识别饼干所遮盖的传感器数量，随着被遮盖传感器的数量发生变化，系统自动切换歌曲。

如果你以为奥利奥的创新仅限于此，那就错了。2018 年，奥利奥采用 AR“黑科技”，将饼干化身为解锁 18 款小游戏的“钥匙”。由于支付宝 AR 扫一扫功能在之前春节“支付宝集五福”的时候已经被广大消费者熟知，这次奥利奥的饼干解锁游戏推广，就是依靠支付宝 AR 扫一扫功能实现的。消费者只要将支付宝 AR 扫一扫打开，对准圆形奥利奥饼干，就可以进入 18 款手机游戏解锁界面，进而解锁游戏。解锁游戏的方法非常简单：一种方法是打开支付宝 AR 扫描不同数量的平铺放置的奥利奥饼干，就能解锁不同的游戏；另一种方法是将不同数量的奥利奥饼干叠放，或者将饼干咬一口使其形状改变，然后用支付宝 AR 扫描，就能解锁更多的游戏。吃奥利奥还能玩奥利奥送出的各类小游戏，真是趣味十足。

为了吸引年轻的消费者参与互动，奥利奥请来当红明星王源担任活动推广大使。此次“旧瓶装新酒”的体验，吸引的不仅有王源的粉丝，还有跨年龄、跨行业的更多喜欢新鲜事物的人们，正符合奥利奥消费人群的偏好。

借助科技和互联网，奥利奥突破性地结合 AR 元素，让营销活动创意满满、效果突出，不仅成功宣传了奥利奥经典夹心饼干产品，还与消费者建立了高黏度的互动关系，提升了年轻消费者对传统饼干品牌的认同度。

案例 2：农夫山泉——邀请新晋偶像代言：比年轻消费者更懂追星

农夫山泉成立于 1996 年，作为一个老牌饮用水生产企业，农夫山泉一直致力于洞悉年轻消费者的新晋偶像变化。2016 年，农夫山泉针对年轻消费者推出“茶π”系列茶饮料，还邀请了当时国内十分火爆的韩国人气组合 BigBang 担任代言人。2017 年，农夫山泉将代言人更换为吴亦凡；2019 年，农夫山泉又将代言人换为流量偶像赖冠霖。资料显示，一经推出，茶π就迅速达到了近 10 亿元的销售规模。

不止茶π这一款产品，农夫山泉旗下的维他命水、水溶 C100 两大品牌也通过持续赞助各类年轻消费者喜闻乐见的娱乐真人秀节目及当红明星来推广产品。2017 年，维他命水通过冠名《中国有嘻哈》《偶像练习生》，借助娱乐真人秀节目中明星的“带货”实力，使维他命水销量暴增，在增长高峰时期，电商平台维他命水销量环比上涨高达 3000%。2018 年，水溶 C100 邀请当红“小鲜肉”朱一龙担任代言人，通过流量明星引爆偶像经济。

邀请明星作为零食品牌的代言人虽然是激发品牌活力的常用策略，但是对于农夫山泉这样的知名品牌，更早、更敏捷地洞悉年轻消费者的偶像变化，并快速出击大胆起用明星代言，提升了农夫山泉新品的市场销量及产品在同质化严重的竞品大军中抢占年轻消费者的胜算。

案例 3：卫龙辣条——挖掘品牌风格新定位：自黑，搞怪，土味+高端混搭

1999 年，卫龙辣条诞生。对“80 后”“90 后”来说，卫龙辣条是一种青春记忆。当时卫龙辣条才 5 角钱一包，在那个零食匮乏的年代，卫龙辣条是零食中的“战斗机”。

过了这么多年，卫龙辣条在如今这个零食多到让人目不暇接的时代，是如何抓住年轻消费者的胃的呢？

卫龙食品在产品年轻化上做得很出色。2016 年，BBC（英国广播公司）拍摄了一部三集纪录片《中国新年》，主要介绍中国人过春节的风俗习惯。片中，两个英国老爷子在街上买了几包零食，有鱿鱼丝、凤爪、辣条，其中一人称辣条是“中国 25 岁以下年轻人最喜欢的小吃”。网友对此褒贬不一，但通过这个纪录片，辣条已成为年轻人打游戏、追剧、听音乐时的首选零食。

辣条界竞争极其激烈。据统计，2008 年，辣条企业数量已高达 2000 多家，但是由于卫生监管和市场自然竞争等因素，到 2014 年年底只剩 500 多家。卫龙食品在这种竞争格局下，迅速调整策略，对厂房和生产设备进行升级改造，建立洁净的符合生产标准的自动化生产车间，并邀请专业摄影团队拍摄公司生产线等宣传片，证明卫龙食品干净卫生。

同时，卫龙食品在品牌年轻化上也开始进行创新升级。

为了迎合年轻消费者需求，卫龙推出全白色小包装，并在包装上印制了大量符合年轻人表达自我、创意新颖的搞怪语句。同时，卫龙在宣传上也开始搞怪，2016 年，卫龙模仿世界知名的电子产品（如苹果、小米等）海报，进行了一组搞怪宣传，抓住了年轻消费者的眼球。

除此之外，卫龙的线上营销也别出心裁。2016 年 4 月，消费者突然发现，卫龙的天猫旗舰店貌似被“黑客”攻击了，主页全部被各种各样的表情包覆盖，还写着各种“我要给你点颜色看看”的字样。另外，官网还被写满了“为什么不给我发货”。而卫龙食品之后回应，没发货的原因是对方的地址是新疆沙漠第32棵白杨树，还煞有介事地公开了一封道歉信。没过多久，在吸引了足够的关注之后，卫龙天猫旗舰店写了一个澄清声明：哈哈，这就是个营销事件，阿里巴巴的系统这么厉害，怎么会被黑呢。最后，卫龙还不忘提醒消费者：吃包辣条压压惊。

2017年“双十二”前夕，卫龙跨入时尚界，在官方旗舰店展示出醒目的模特照片。两位模特分别穿着红色和绿色的东北碎花服饰，配上杂志封面式的背景，以及“碎花新时尚”的标语，极易让人误以为进了一家服饰店。细看之后才发现模特手上拿着的，正是卫龙的各种辣条产品，和模特的气质相映成趣。

卫龙选择东北碎花作为主题，兼具传统中国风和时尚元素，为卫龙辣条赋予了新的内涵，让吃辣条更是变成了一件潮酷的事情。

更多的传统零食品牌正在思考如何在固有的传统产品品牌印象上实践年轻化升级，以更符合新一代消费者的需求。

【案例分析】

零食行业准入门槛较低，产品同质化严重，产品和市场变动信息比较透明，消费者覆盖面广。传统零食品牌面临着新晋“网红”零食产品的市场竞争，也承受着年轻消费者多元化的需求。

品牌年轻化不仅是零食行业，更是所有传统行业应对新的市场环境和客户群体的一个品牌产品创新必由之路。生活节奏的加快，使消费者更加注重效率，而互联网购物平台使多数线上消费能够实现短时间送达，让消费者足不出户就能方便、快捷地获取产品。由于产品的购买方式多了，喜欢尝新的消费者会抱着开放的心态去尝试新的产品和品牌。

企业要进行品牌年轻化改造，首先要采用精准消费者画像定位，从消费者角度出发去包装和生产产品。同时，要在对年轻消费者需求调研与反馈搜集分析的基础上，对零食品牌进行年轻化创新，使产品符合消费者新的使用场景。

接下来为大家总结品牌年轻化的五大路径。

路径 1：产品包装外观年轻化。品牌需要根据年轻消费者的喜好和价值观进行创新升级，包装年轻化，即以包装为媒介与消费者进行互动（如印上代表年轻人主张的语句），是品牌年轻化的第一步。

路径 2：产品及品牌泛娱乐化改造。企业可以借助游戏策划和科技注入等手段，增加产品与消费者的互动功能。

路径 3：依托年轻消费者的偶像的“带货”实力。借助新晋偶像代言产品，让年轻的消费者心甘情愿地为自己的偶像付费。

路径 4：延伸品牌的多种内涵及社交功能。企业应努力让品牌本身变得更有趣，更符合年轻消费者的价值观和彰显自我的性格，获得消费者对品牌的认同。

路径 5：寻找空白的垂直细分领域。在产品日益同质化、竞争白热化的今天，企业可以通过寻找本行业仍然空白的市场，挖掘没有被同行挖掘的垂直细分领域，迅速反应，推出符合年轻消费者新需求的产品，快速抢占细分市场。

品牌年轻化路径如图 3-5 所示。

图 3-5　品牌年轻化路径

3.6　组合出击：漫威产品 IP 群争夺市场

漫威漫画公司的历史可以追溯到 1939 年，当时正值"二战"期间，美国经济萧条，时代漫画公司（漫威漫画公司的曾用名）推出了第一本漫画书《漫威漫画》（*Marvel Comics*），打造了对抗法西斯的美国队长的卡通人物形象。这本漫画书推出后大受欢迎，当期累计销量达到了 80 万册。

众所周知的"漫威之父"斯坦・李，最为人称道的是他超强的创造力和惊人的工作量。生于 1922 年的斯坦・李在漫威工作的近 60 年里，创造了 80%的漫威知名角色，客串过 27 部漫威电影，并在 27 部影片中担任编剧。

1940 年，斯坦・李创造了超级英雄组合"神奇四侠"，这些居住在曼哈顿的超级英雄，虽然惩恶扬善、无所不能，但平日里也经常上演接地气的嬉笑吐槽。在斯坦・李的笔下，石头人敏感易怒、霹雳火轻佻自负……超级英雄变成了一群既有超能力又有血有肉的普通人。《神奇四侠》大受欢迎，高涨的销量带来了漫威的复兴。斯坦·李意识到有着与人类相同性格缺点的超级英雄，因其更加贴近人性而更受人们喜爱，于是开始大规模地生产超级英雄系列产品。之后，漫威又推出了《钢铁侠》《绿巨人》《X 战警》《奇异博士》《超胆侠》等经典作品。

漫威的超级英雄 IP 群组合推进策略规划非常清晰，这个布局的规划和实施跨度甚至超过 10 年，从 2008 年的《钢铁侠》第一部开始，到 2019 年的《复仇者联盟》第四部结束。漫威的组合 IP 集大成《复仇者联盟》的布局总共分为三个阶段：第一阶段先由钢铁侠引出整个宇宙，然后复联登场；第二阶段复联登场之后，继续通过介绍新的英雄壮大复联队伍；第三阶段直到复联分崩离析，然后遇到终极对手灭霸。

在这个组合 IP 布局中，不仅限于电影，电视剧中也加入了剧情关联情节，如先用《特工卡特》讲述神盾局前身的故事，再用《神盾局特工》穿针引线，对故事进行衔接。这些 IP 影视作品构架整个漫威宇宙的布局目的性非常强，环环相扣，每一部影视作品都为完整框架服务。每一个 IP 都是大框架中的一分子，借助其他 IP 品牌进一步提升了自己的影响力，在市场中发生了“化学反应”，达到了“1+1＞2”的效果。

组合产品 IP 联合出击市场并非只有漫威一家公司。在电竞游戏界，从 2015 年开始，MOBA①成了游戏市场爆点。MOBA 单局

① MOBA：全称为 Multiplayer Online Battle Arena，多人在线战术竞技游戏。

时间比其他客户端游戏短，竞技性强，节奏紧凑；互动性强，小队作战，与队友联手对抗对手；游戏爽快激烈，给人的满足感强烈；零和博弈，没有双赢。在这个模式下，《王者荣耀》成了 MOBA 的爆款。至 2018 年 10 月，根据官方资料，王者荣耀一共推出了 86 个英雄角色。玩家可以随机选择英雄角色去参与对战，游戏构建的多 IP 生态非常成功。王者荣耀的玩家可以分为游戏型用户和社交型用户。游戏型用户用游戏技术取胜，目标是站立在游戏得分榜之巅，成为被众多玩家膜拜的对象；而社交型用户就是 MOBA 的大多数用户，他们不太在意游戏是不是每把都能赢，他们在意的是游戏是和谁一起玩，就像王者荣耀提出的口号——“有你才有团”。社交型用户在游戏技巧方面不像游戏型用户那么“专精”，但是他们的朋友多。朋友之间会产生攀比心理，你的段位是多少，我的段位是多少，这就促进了用户付费购买游戏道具。这也是游戏市场收益暴涨的主要原因。

在娱乐界，偶像选拔节目《创造 101》第一季里，通过海选的 101 个偶像练习生中，我们看到了各种类型的女孩，有身材不完美又善于自黑的“金华火腿女生”，有个性十足的单眼皮女孩，还有打扮朴素只爱唱歌的高中生……她们通常不是业内少女青春偶像的标准形象，但从价值观表达和整个人的状态上都传递出积极向上的一面。在设计故事主题时，制作团队首先需要解决的问题就是找到行业痛点，并与普通人的共鸣相结合。普通人虽然没有做偶像练习生的机会，但制作团队不断在细节中试图还原每个女孩的日常生活，让那些共同经历拉近观众与选手的距离。偶像练习生们有血有泪的成长史及其缺点、优点都真实地展现在观众面前，加深了观众对 IP 的认同，进而带动了 IP 收益。

有调查报告指出，“00 后”已逐渐成为 IP 消费市场的主要客户群体，他们对意见领袖的认可度较低，需要了解到真实的客户反馈之后，他们才会认可产品①。面对日益多元化的客户需求，文创行业主要采取组合 IP 运营战略，将 IP 群落的单个独立 IP 数量做得很大，以便应对客户多元化的需求；但未来，文创企业组合 IP 运营抢夺市场的挑战将变为“如何用这个组合 IP 边界内的 IP 生态群落，吸引客户融入这个生态，给客户带来‘真实’的体验反馈，让客户感同身受而主动付费”。这将是文创公司未来利用组合文创 IP 来实现盈利的一个考验。

【案例分析】

为了实现组合 IP 群联合出击的市场战略，漫威在组合产品战略执行方面，主要做了以下三个方面的工作。

第一，IP 具体形象的长期化。漫威的 IP 具体形象是指扮演各位英雄的演员。漫威要求演员签署长期合同或数部电影，如“钢铁侠”的扮演者签署了长达 8 年以上的合约，同时要求演员无偿拍摄电影的结尾附赠“彩蛋”的故事情节。这样的规定不仅能够使 IP 孵育中的风格保持统一，还节约了项目生产运营成本。从 10 年前开始，这些英雄电影正片结束后的彩蛋，不仅能吸引观众在字幕后还坐在电影院的座位上等待惊喜，更是漫威英雄电影用来联系彼此，并将所有的 IP 影视作品归拢在一个统一世界观和完整 IP 群下

① 2019 腾讯 00 后研究报告. 腾讯用户研究与体验设计部，2018.

的产物。

第二，借势培养 IP 明星策略。漫威英雄电影的主角在选角上几乎都是处于上升期的演员搭配一位“影帝”级的演员扮演剧中反派或重要人物。如克里斯·海莫斯沃斯搭档安东尼·霍普金斯、小罗伯特·唐尼搭档杰夫·布里吉斯、克里斯·埃文斯搭档罗伯特·雷德福等。这种知名演员搭配“新鲜血液”，知名 IP 带着养成中的新鲜 IP 一起发展的模式，给观众带来了全新体验，最终使产品在市场上获得良好反响。

第三，塑造风格迥异的 IP。剧中各位英雄不仅紧身衣样式不同，人物性格也迥异。从《美国队长》第一部的复古风格、《雷神》的宫廷奇幻风格、《钢铁侠》的现代科幻风格，到《美国队长》第二部的谍战政治现实风格、《银河护卫队》的搞笑歌剧风格、《蚁人》的家庭温情欢乐风格，乃至电视剧《夜魔侠》的血腥暗黑风……漫威在英雄形象塑造上，用各异的性格使英雄形象栩栩如生，给观众带来很多惊喜。这样的塑造可以追溯到 1962 年蜘蛛侠的诞生，让人们意识到超级英雄不全是如同超人一样坚不可摧的完美强壮生物，他们也有懦弱、游走于法律边缘及失败犯错的一面。这样的塑造更能让观众体会到英雄人物的有血有肉及真情实感，也让观众在情感上更加认同这样的 IP。

市场的热情反馈说明漫威的组合文创 IP 策略推进是成功的，这种成功表现在其作品能够较好地应对现在多元化的客户需求。当然，这种组合文创 IP 产品的实现也得益于电影制作技术和特效技术的发展，提升了影视拍摄和制作的效率，降低了多塑造一个英雄

IP 所产生的边际成本。

现阶段，组合文创 IP 能够通过影视拍摄技术和放送传播渠道更有机地结合在一起，并与客户进行交流、互动。首先，组合文创 IP 自身形成了一种生态，他们彼此之间的功能和联系为观众展示了更复杂的人物关系和新鲜剧情。这种生态就是大家熟悉的“漫威宇宙”。其次，组合文创 IP 彼此协同，产生了更大的获客影响力。组合文创 IP 互相影响、彼此推进，提升了产品的新鲜感和因观众不能预测产品剧情走向而产生的神秘感。最后，组合文创 IP 创造了更多的文创创意，避免在单个 IP 塑造的剧情上出现创意枯竭现象，从而延续了这些文创 IP 的生命力。

组合文创 IP 的运营使影视公司和游戏公司涌现出一批优质产品，这些产品的 IP 组合带来的市场营收达到了同行业界内无法企及的高度。由于多个 IP 从设计到交互构成了一个成功的客户社群生态，使产品获得了前所未有的成功。

组合产品 IP 群策略如图 3-6 所示。

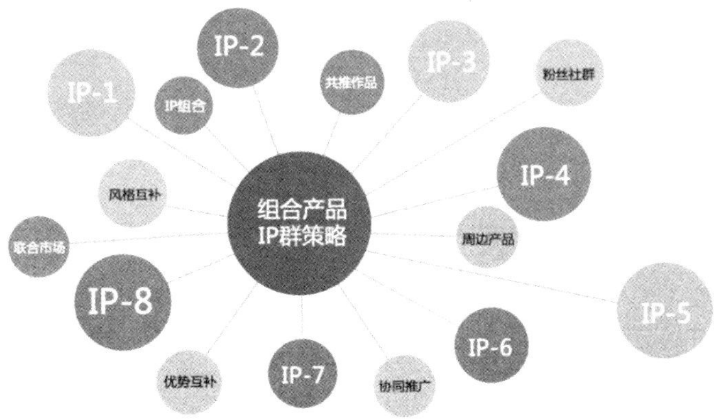

图 3-6 组合产品 IP 群策略

3.7 传承经典：故宫博物院的多元化产品策略

大约拥有600年历史的故宫博物院在周边产品上屡战屡胜，成功抢占年轻消费者的心智。现在，我们一起来探索一下故宫博物院，看看它是如何通过孵育与投产多元化且卖点十足的周边产品，稳扎稳打地实现品牌创新策略的。

在2019年2月举办的“亚布力中国企业家论坛第十九届年会”上，前故宫博物院院长单霁翔表示，2017年，故宫博物院的文创产品营业额已达15亿元。2018年，参观故宫的人数高达1700万人。据故宫公布的数据，30岁以下的游客占40%，30～40岁的游客占24%，40～50岁的游客占17.5%。由此可见，“80后”“90后”已成为参观故宫博物院的主力人群。

故宫文化创意产品的增长速度很快。数据显示，故宫博物院2013年增加文化创意产品195种，2014年增加文化创意产品265种，2015年增加文化创意产品813种。截至2016年年底，故宫文化创意产品共计9170种[①]。2019年元宵节，故宫迎来了94年来第一次开夜场——于2月19日和2月20日举办“紫禁城上元之夜”文化活动。夜场门票开放预约后，便被“秒抢光”，呈现出一票难求的火爆局面。

故宫文创产品一年营收15亿元是什么概念呢？2017年，有

① 张泽炎，朱玥怡. 故宫文创15亿营收背后：跨界+IP+网红. 新京报，2019-02-20. https://tech.sina.com.cn/it/2019-02-20/doc-ihrfqzka7330637.shtml.

1500 多家 A 股上市公司的营业收入达不到这个水平[①]！近年来，故宫频频出现在大众视野，向年轻化转型，不断推出文创产品新爆款已经成为故宫的一个金字招牌。

故宫博物院这个 IP 是世界上独一无二的，这家机构是如何从单一游客门票收入，转化为受到年轻消费者追捧的中国文创 IP 周边产品营收大户的呢？这些成绩的实现，来源于故宫博物院经营管理者深知自身 IP 的排他性价值及其对新成长的年轻消费者关于文创产品的痛点和需求的敏捷感知。

如今，故宫已经推出了一个庞大的文创周边产品体系，这些产品渗透消费者的生活百态，并且每一款单品都是站在消费者需求的角度，融合故宫历史及品牌 IP 进行开发和推广的。因此，故宫能够持续推出爆款产品。

正是这些琳琅满目、趣味横生的故宫博物院周边产品，充分发挥故宫博物院团队强大的以客户需求为核心的创新实力，才让这个约 600 岁的“皇室 IP”焕发新的生机，带动了整个故宫文创产业的发展。

下面为大家整理了故宫非常有代表性的文创爆款周边产品及衍生合作案例，为大家展示故宫品牌是如何进行年轻化创新的。

文创周边产品

故宫文创周边产品的设计和运营都相当有趣。在其淘宝店上，

① 任明杰. 故宫首晒“账本”：文创收入 15 亿，竟然超过 1500 家 A 股公司！中国证券报，2019-02-18. https://news.sina.cn/gn/2019-02-18/detail-ihqfskcp6408817.d.html.

消费者能够看到黄袍加身的 iPhone/三星手机壳、朝珠耳机及雍正题字的折扇。2010 年 10 月 1 日，故宫为了售卖周边产品，上线了“故宫淘宝”淘宝店，并在 2013 年 9 月玩起了新媒体，上线了“故宫淘宝”微信公众号。突然有一天，店里的产品画风变了……一开始只是单纯地“卖萌”，故宫在产品的设计上紧跟潮流热点，消费者对此很认同，淘宝店频频断货。后来不但其产品新奇，而且推广的文案也改变了风格。2015 年 1 月 29 日，为了销售一款骨瓷的杯子，“故宫淘宝”微信公众号推出一篇文章——《她比四爷还忙》，连《人民日报》都给予了转载，获得了100 000+的阅读量。故宫推出的《故宫日历》，2018 年销量达 68 万册，2019 年根据消费者的不同需求，故宫进一步推出了普通版、定制版、黄金典藏版、汉英对照版日历，以及故宫月历、故宫手记、故宫手账等相关产品，形成了“日历家族”。

网络视频节目

2016 年，一部反映故宫文物的修复过程与性格各异的文物修复匠人的纪录片《我在故宫修文物》火爆网络，网络平台播放量突破 100 万次。这部纪录片将匠人精神以故事的方式传递给观众。纪录片中，每一款文物能够完整地呈现在游客面前，背后都离不开文物修复匠人兢兢业业、精益求精的日常工作。这部纪录片揭开了之前鲜为人知的文物修复过程，成功激发了年轻观众的兴趣。在故宫修文物这样“有范儿”的工作通过纪录片传递给观众，带动了观众感官体验，让观众有机会跟随文物修复匠人体验一把文物的修复过程。

2018 年 10 月下旬，故宫博物院与北京电视台联合出品的大型文化季播节目《上新了·故宫》开播。在年轻群体中颇受欢迎的演员邓伦与周一围担任“故宫文创新品特邀开发员”，在节目中联合嘉宾与专家进“宫”识宝，了解宝物的背后故事，并与设计师一起开发与故宫元素相关的文创产品。节目更重要的意义在于“搭建一个故宫与年轻人之间的平台”。以故宫为主题的综艺节目《上新了·故宫》，在节目中推出睡衣并在淘宝上发起众筹，上线 24 天，众筹达成率为 16 767%，筹得 838 万元；“珍熹系列”高端饰品仅上线 10 天，众筹达成率为 2529%，筹得 126 万元。

跨界传播

2016 年，以“NEXT IDEA 腾讯创新大赛”为契机，故宫博物院与腾讯围绕赛事主题、跨界合作、创新人才培养等方面展开长期合作。当年推出的“H5”火爆朋友圈：《韩熙载夜宴图》中的女子走下了画卷；久居深宫的嫔妃娘娘戴上了虚拟现实眼镜；小宫女们认真地玩起了手机游戏。

2014 年 8 月，“故宫淘宝”微信公众号发布了一篇《雍正：感觉自己萌萌哒》的文章，被大量转发。内文为动态图+有趣的文案。动态图是由故宫博物院工作人员创作的，图片原材料来自《雍正行乐图》。这些动态图中，雍正或是泡脚，或是打虎，或是松下抚琴……造型有趣，再配上故宫博物院工作人员拟定的搞笑解说词，喜感油然而生。

无论是故宫博物院与网易新闻推出的“奉旨看球”的 H5，还是与抖音联合推出的“第一届文物戏精大会”，其模式都是与年轻人爱玩儿的品牌“在一起”。这种联合既增加了故宫自身的影响力，又顺势推广了故宫藏品，还打破了故宫在年轻人心中的刻板印象。

彩妆

2018年12月9日，故宫文化创意馆推出了故宫首款彩妆——“故宫口红”，6种口红唇色均来自故宫国宝色，外观均从后妃服饰与绣品上汲取灵感，结合黑、白、赤、青、黄五色体系，以“宫廷蓝”为底色，上方由仙鹤、蝴蝶、瑞鹿、蜜蜂“领衔出演”，下方饰以绣球花、水仙团寿纹、地景百花纹、菊花、四季花篮等吉祥图案。本次故宫口红还引入了3D打印科技，制作出外身织物的肌理和刺绣的凹凸感，打造出一套符合东方审美的口红。这套口红仅上线两天，6种颜色就已全部售罄。

休闲空间

*咖啡店

2018年12月，故宫角楼咖啡开业。咖啡厅外观采用古代亭楼建筑的风格，室内设计整体以简约中式为主，中式的原木桌椅和橱柜，室内的壁纸和房梁上搭着的轻缦是《千里江山图》。食品上除了轻食甜品，角楼咖啡一共提供31款饮料，价格为22～45元。区别于星巴克绿色与瑞幸蓝色色调，故宫角楼咖啡的“小红杯”采用“皇家专属金色+宫墙红”配色。

*书店

目前，故宫里一共有6家故宫书店，都是由故宫出版社经营管理的直营店。它们分别是御花园的摛藻堂·故宫书店、景仁宫·故宫书店、文华殿·故宫书店、斋宫·故宫书店、珍宝馆·故宫书店、箭亭·故宫书苑。每一家故宫书店都因所在的位置和历史渊源，有着不同的主题和特色，绝无雷同重复之感。其中，2018 年 6 月开业的文华殿·故宫书店被称为“最美故宫书店”，迅速变成了众人“打卡”自拍的“网红”店。

*快闪店

2018 年 2 月，故宫在北京的首家线下快闪店——“朕的心意”出现在三里屯。除了此前已成为“网红”款的故宫日历、故宫胶带等文创产品，还有海错拼图、故宫元素水杯、故宫元素的首饰及各种故宫食品。“朕的心意”带来的食品类产品让不少“吃货”不得不“剁手”。这里不仅有“妃常暖”姜茶、“亭亭御栗”“海错图曲奇饼”等小吃，还有专门为新年准备的中式糕点礼盒。三里屯是北京比较有代表性的年轻、时尚人群的聚集地，故宫代表着传统文化，两者之间碰撞出的火花让人感觉更有意思、更贴近现在的年轻人。

跨界产品合作

2017 年 8 月，当 Kindle 与故宫文化相遇，为了以创新的方式传承和推广中国传统文化，激发阅读热情，双方联合开发了首套 Kindle Paperwhite 与故宫文化联名礼盒及定制保护套。这次合作使故宫的典型文创符号出现在 Kindle 的外部设备上，更代表着传统文化与现代生活的结合。此次推出的套装包括包装礼盒、故宫文化定制保护套、Kindle Paperwhite 电子书阅读器。

2018 年，故宫与工商银行等联合推出联名银行卡，这些故宫主题的银行卡分为好几个系列，如人物、龙袍、符牌、仙鹤、锦鲤等，制作之精美让不少网友直呼“有范儿”，现在就想拥有。同一年，农夫山泉也携手故宫文化服务中心，推出 9 款限量版“农夫山泉故宫瓶”。农夫山泉将九幅馆藏人物画作，配以现代化温情解读，让消费者与宫廷中的帝王、后妃们近距离接触。视频社交软件抖音与故宫食品联合推出“抖转星移共团圆”宫廷月饼吉盒。镂空设计的包装盒，四个立面都有独特的“小巧思”，全方位立体呈现潮流与传统的碰撞，让消费者和乾隆玩着抖音共赏明月！必胜客与故宫食品联合推出“芝心踏月宫廷团圆礼盒”。此次必胜客为月饼礼盒制作了 3 张极具匠心与设计感的节气海报：白露、处暑、中秋。露凝亮月、水中映月、龙凤戏月，灵动的线条及浓墨重彩的中国系配色把中国的美与品牌的芝心月饼相结合。此外，食品品牌奥利奥与故宫共同打造“朕的心意”联名点心礼盒，还定制了奥利奥玉玺、古风歌曲音乐盒等特色新品。

主题周边 App

如果你以为故宫工作人员的创新仅限于产品和文案，你就错了。故宫还玩技术美学呢！从 2013 年开始，故宫先后发布了 5 款 App，席卷各大手机软件下载榜及编辑口碑推荐榜。

2013 年 5 月，故宫首个 App“胤禛美人图”上线，进军应用市场。他们选择了故宫擅长的文物鉴赏类，美人屏风都能随指而动。仅上线两周，这款 App 的下载量便超过 20 万，还获得了“2013 年度精选优秀 App”。

2014 年 4 月发布的“紫禁城祥瑞”App，在延续了“胤禛美人图”的风格精美、具有欣赏性和教育意义的基础上，增加了更多的互动体验和趣味性，用户可以动手制作自己的瑞兽并可以分享给朋友。该款 App 上线后即获得 App Store 编辑推荐，入选 App Store “六月最佳应用”，荣获 App Store “2014 年度精选优秀 App”。

相比之下，2014 年 10 月推出的“皇帝的一天” App 更受欢迎。这款 App 虚拟了一个故事。少年皇帝想出宫，于是乾清门外的小狮子帮皇帝找替身。从清晨 5 点起床穿衣开始，读书、骑射、上朝、用膳，玩家就这样当起了“皇帝”。游戏中，小狮子还客串“讲解员”，通过弹出文字介绍清代宫廷礼节、服装、文化等知识。

2015 年 1 月 12 日，故宫发布了“韩熙载夜宴图” App，主体页面色调清雅，文本风物古朴，既保留了古卷的本色，又呈现出 3D 鲜活动态。

2015 年 2 月 12 日，故宫推出了一款更加实用且精美的 App “每日故宫”。“每日故宫”每天展出一件故宫的藏品，如果你喜欢就可以点击收藏。此外，这款 App 还可以当记事本用呢。

手机游戏

2019 年 1 月 1 日，由故宫博物院专家团队与网易游戏携手打造的手机游戏“绘真·妙笔千山”正式上线。“绘真·妙笔千山”游戏用沉浸式体验让更多的人了解青绿山水之美，品鉴古代画作，弘扬中国传统文化。“绘真·妙笔千山” 1 月 1 日登陆 App Store，在全球 200 多个国家和地区同步发行，将中国传统文化用游戏的方式传播至海外。

故宫的每一款产品都是以“IP+客户需求”的模式，朝着爆款去设定、策划、推广。这些受欢迎的产品让故宫文创产业销售额飞速增长。据济研咨询统计，故宫的文创产品销售额从 2013 年的 6 亿元增长到 2016 年的近 10 亿元。而在 2017 年，故宫文创部线下收入近 1 亿元，线上淘宝网店收入近 5000 万元。此外，故宫也有其他部门贡献的文创产品收入，故宫所有的文创产品全年总收入达 15 亿元。

故宫文创 IP 周边产品成功的秘密，我们可以从前故宫博物院院长单霁翔公开讲话中找到答案："过去我们叫文化产品，现在我们知道了，中间必须加两个字，创意。什么叫文化创意产品？我认为就是要深入地研究人们的生活，人们生活需要什么就研发什么。其次，要深入地挖掘我们的文化资源，把文化资源提炼出来，和人们的生活对接，人们才会喜欢。"

【案例分析】

故宫在品牌年轻化方面一直没有停下商业化步伐，在以"服务顾客"为核心的经营理念与价值观的指引下，其打造了"故宫 IP+文化创意产品+新消费形式"的商业模式，为故宫博物院带来了营收增长，也更好地促进了故宫文化品牌的传播，实现了经营效益与文化社会效益双重回报。

故宫在商业模式上采用多元化的产品合作战略。首先，在市场竞争中，故宫博物院鼓励合作方开发多元化的商业产品；其次，故宫采用自营、合作经营和品牌授权等方式，形成了庞大而丰富的文创产品；最后，故宫尝试了餐饮等不同品类的文创周边产品，形成了对故宫核心文化 IP 附加价值的充分挖掘。

总而言之，故宫的多元化产品策略包括以下三个方面。

（1）合作经营多元化。在故宫内部的自营系统内有3个职能部门（文化服务中心、文创事业部、经营管理处）和1个可移动部门（资料信息部）。专门从事文创产品相关工作的工作人员有150多人，分布在文创产品策划、设计、生产、销售各个环节。北京故宫文化服务中心是故宫博物院的实际运营主体，该主体还通过参股及控股与多家企业合作，构建故宫系企业生态。

（2）品牌授权多元化。故宫在品牌授权上非常多元化。故宫突破文创想象边界，大胆地跨界进行品牌授权，其与被授权方联合推出的丰富产品一次次成功地吸引消费者的眼球，让大家心甘情愿地去购买。每次跨界品牌授权，故宫都严格把关产品质量，产品匠心独运、时尚有趣，吸引了大量年轻消费者。

（3）文创产品品类多元化。故宫文创产品涵盖数以百计的品类，并且还在持续增加中。在开发新的文创产品时，故宫不断地寻求突破，推陈出新。众多文创产品组成了故宫文创版图，给故宫带来了巨大的经济效益和社会效益。

企业要向故宫学习，将自身品牌与不同行业的产品和品牌融合起来，寻找品牌的延伸点及附加价值，并利用优质产品来升级自身品牌。

故宫博物院品牌年轻化商业模式如图3-7所示。

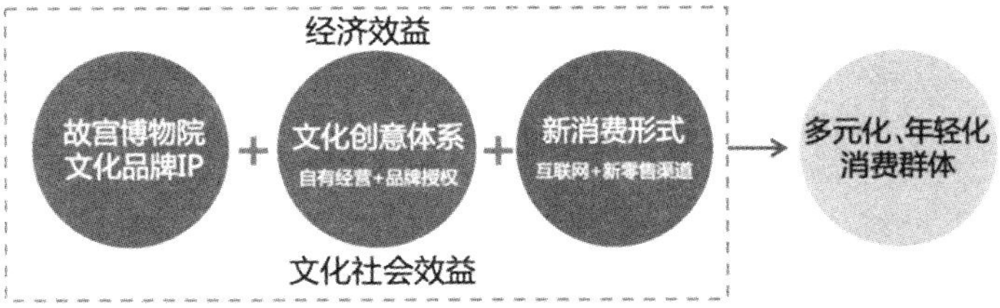

图3-7　故宫博物院品牌年轻化商业模式

3.8 独处满足："单身经济"创造新市场

据统计，我国单身人口比例呈上升趋势。民政部发布的《2018年民政事业发展统计公报》显示，2018 年全国婚姻登记机构和场所依法办理结婚登记 1013.9 万对，比上年下降 4.6%。数据显示，2013 年全国婚姻登记机构和场所共依法办理结婚登记 1346.9 万对，随后 2014—2018 年办理结婚登记的数量连续减少，2018 年比 2013 年减少了 333 万对。结婚人数减少的同时，离异人数却在不断增加。2018 年依法办理离婚手续的共有 446.1 万对，比上年增长 2.0%[①]。

此外，我国单身人口的数量也在上升。速途研究院发布的《2018年中国单身人群消费行为调研报告》指出，单身群体中"90 后"占比高达 47.68%，正式接棒"80 后"成为单身的主力军[②]。

我国单身人口的增加有多方面的原因。20 世纪末，随着经济的飞速发展和思想的解放，越来越多适婚年龄的男女选择暂时不走入婚姻殿堂。与由于外界因素造成的被动单身者不同，本次"单身潮"主动选择单身的人口比例明显增高。同时，当下的年轻人展现出"独立乐活主义"的生活态度，他们开始享受一人食、一人租、一人旅行、一人看电影、一人生活。此外，单身者倾向于品质消费，追求"一种生活方式"。他们注重产品的质量、舒适的服务体验，行业都购买智能产品、送高端礼物等。

---

① 2018 年民政事业发展统计公报. 民政部，2019-08-15.

② 2018 年中国单身人群消费行为调研报告. 速途研究院，2018-11-09.

从统计数据来看单身者画像，单身者主要集中在比较开放与发达的城市，他们普遍受教育程度较高、可支配收入较高，其消费倾向更强，储蓄意愿更低。他们在购物时最看重的并非价格，而是消费体验。水涨船高的单身群体进一步撬动“单身经济”的产品市场。“单身经济”是指由单身群体非常注重生活质量，崇尚高消费生活而带来的商机。单身群体更愿意为改善外观、提高生活质量、获得休闲娱乐的产品或服务买单，因此他们偏好运动健身、科技、护肤及时尚潮流等消费领域，属于较早、较快追求“消费升级”的群体。此外，单身群体推动了单身经济消费由大众化转型为个性化，个性因人而异，所以商家针对单身群体开发的各类产品在设计、功能上变得更加灵活、可定制化、多样化。

下面为大家列举一些围绕单身群体开发的典型的“一人”产品案例。

案例 1：“一人用”小家电

20 世纪 80 年代大众消费崛起，科技的进步使家电产品的质量和功能得到提升，居民消费也在持续升级中。单身群体追求品质生活，更喜欢轻薄小巧的产品，小家电市场快速兴起。一方面，技术革新、消费者需求的推动，促使小家电产品升级；另一方面，小家电品类扩张，创新产品层出不穷。在吸尘器、电扇、取暖器等产品快速普及后，烘干机、暖脚器、智能马桶等新兴产品层出不穷，渗透率快速提升。而国内针对单身群体推出的迷你洗衣机、迷你冰箱、迷你音响、迷你电饭煲、便携榨汁机等小家电不但外观精致、个性十足、功能齐全，而且体积迷你、操作简便，深受单身群体喜爱。

案例 2："一人食"餐厅

精致的小隔间内，摆放一碗一筷一碟一勺，这是时下兴起的"一人食"餐厅最常见的布局。进门、入座、点餐，只需稍等片刻，心仪的美食便被送到眼前，放下卷帘就是一个属于自己的私密美食空间。不用顾虑吃相，更不用顾忌周围顾客投来的异样眼光，静静享受"独食"的悠闲时光。数据显示，2018 年"一人食"类食品销售额同比增幅超过 60%，热销食品有自热锅、自热钵钵鸡、自热麻辣烫、自热螺蛳粉、速食汤等，购买主力为 26～35 岁的人群[①]。

案例 3："一人旅"产品

如今，在携程旅游平台上，独自旅游不再只限制于单人自由行，各类跟团项目都包含一人参团的选项。单身者可以选择报团轻松出行。据统计，80%以上的国内和 70%以上的海外携程自营旅游团，都可以通过网站一人报团，有的旅游团还专门为单身者开发了产品。从产品形态来看，主要有跟团、私家团、半自助、定制游、出发地参团、目的地参团，多数都接受一个人报名。国内外短期跟团游受到单身者的青睐。

案例 4："一人居"空间

对众多单身者来说，房地产虽然是一笔非常大的支出，但是此投资有升值空间。在单身经济的引领下，小户型住宅的需求水涨船高，很多房地产开发商针对单身者推出小户型住宅。随着小户型住

---

① 2018 年度食品网购榜单. 京东超市，2019-01-03.

宅占比提升，部分单身者对家具的需求逐步从家庭需求转变为个人需求，由此带动了定制化家具、个性化家具及多功能家具的产品销量提升。

案例 5：“一人宠”陪伴

随着单身者的增多和人们思想观念的转变，饲养宠物的人越来越多。同时，也引起了个体宠物相关产品消费的升级。饲养宠物的人，甚至包括很大一部分不饲养宠物的人，对宠物的观念已经发生质的改变，宠物已从“看家护院”的功能性动物转变为家庭成员。从 2005 年开始，饲养宠物人群数量快速增加，宠物机构数量迅猛增长。高端宠物消费进入中国市场，区域性连锁宠物用品、医疗机构形成，线上宠物业态出现并逐渐壮大。部分宠物医疗机构在此期间发展壮大，区域性连锁宠物医疗机构开始布局；连锁宠物商店大量兴起；随着互联网浪潮兴起，宠物相关线上公司兴起并快速发展，国内宠物用品和宠物社区开始线上化、网络化发展。同时，进阶的宠物需求，如宠物竞赛、宠物寄养、宠物交友、宠物殡葬等逐渐流形开来，相关产业线上化的发展为宠物主人交流、购物提供了便利。

据统计，2017 年单身经济规模已达 13 万亿元，未来针对单身者生活品质提升的产品及与衣食住行相关的产品会有持续增长的市场表现。

【案例分析】

如何抓住单身经济的新兴市场，解决单身消费者的需求？企业可以从以下四个单身消费者画像特性出发，制定相应的产品策略。

（1）单身消费者花钱买便利。企业可以针对单身消费者某个细分的生活需求开发小尺寸的产品，如一人用家电等。这些产品应操作简单，易安装调试，能实现快速开关使用；同时能够缩短单身消费者使用产品前的准备和物流等待时间，以及使用产品后的整理处置时间。

（2）单身消费者倾向于线上购买标准化产品，线下体验多元化消费场景。企业需要看到体验式消费越来越受单身消费者欢迎，线下体验、线上购买已经成为趋势。线上购物、送货上门，以及线下靠近社区、能提高单次购物便利性的便利店等产品销售渠道正逐渐挤占传统大卖场，成为单身消费者购物的主要渠道。

（3）单身消费者相信意见领袖在产品导购上的意见。单身消费者重视社交媒体中意见领袖的引导，意见领袖的意见能够影响购物转化率。企业针对意见领袖的受众群体所做的精细化运营能够使单身消费者获得更多的信息互动，提升单身消费者掏钱购买的可能性。年轻的单身群体由于工作时间长，认同宅文化，逛街的动力相对偏弱，更加偏好通过网络获取所需信息，因此针对细分人群选择合适的意见领袖，对提升单身消费者的购买转化率很重要。

（4）单身消费者花钱是为了满足悦己需求。单身消费者的悦己型消费是指在自身经济可承受范围内，最大化自我愉悦、自我享乐和自我满足的消费行为。企业可以通过提升产品的颜值吸引单身消费者，因为高颜值是单身消费者挑选产品的核心要素之一；企业还可以设计有趣的产品品牌故事及产品拟人化形象，通过产品与消费者的"交流"唤起消费者对产品的认可，提升消费者的购买意愿。

单身群体已逐渐成长为未来中国消费趋势变化的重要风向标。

在花钱为了便利、悦己、精神寄托和自我提升的意愿驱使之下，单身群体更愿意购买自己心仪的产品。

单身经济模式如图 3-8 所示。

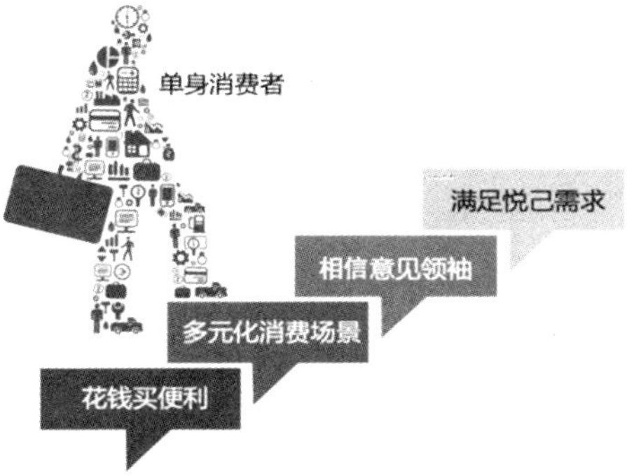

图 3-8　单身经济模式

3.9　激活场景：机器人在商场

我国机器人产业正在快速发展。据统计，在地方政府各项产业补贴和激励政策下，我国机器人企业数量开始快速增长。2013 年，我国机器人企业数量不到 300 家，到 2015 年我国机器人企业数量达到 1026 家，2017 年我国机器人企业数量超 6500 家，至 2018 年年底我国机器人企业数量已超 8500 家[①]。

服务型机器人是机器人主要的市场化应用方向之一。全球服务型机器人市场近年发展速度较快，预计未来前景广阔。根据统计数据，截至 2016 年，全球服务型机器人市场销售额约为 72.8 亿美元，

① 机器人产业发展研究报告. 前瞻商学院，2018.

2010—2016年年均复合增长率约为10.7%，家庭服务机器人销售额为25.8亿美元，在服务型机器人中占比为35.44%。

随着电子商务的普及，人们的日常购物越来越依托于线上购物平台来完成；而在线下购物则更像一种生活休闲方式——享受购物中心的服务、所见即所得的直观印象、舒适的环境和有趣的体验，以及满足自己看电影、逛艺术展、吃美食、亲子教育、阅读等各项需求。

商场运营商也在积极适应这些变化，不断优化服务、改造环境和制造新体验，从早期依靠“新奇特”博取顾客眼球，转变成努力为顾客提供更多便捷性服务和新的体验。机器人开始进入商场运营商的视野。商场运营商结合形形色色机器人的特色和功能，在商场空间内部精心策划了各种机器人与顾客的应用场景，目的是提升顾客的购物体验、增加顾客停留时间，从而促进顾客在商场里消费。

机器人如何协助商场促进顾客消费呢？下面为大家总结了五种机器人应用场景。

场景1：表演增加人气

当商场客流量较低时，机器人可以通过才艺表演和机智幽默的语音交流，增强顾客的参与感和互动性，吸引顾客的同时能提高消费频次。机器人还可以协助顾客陪伴同行的儿童，必要时来个舞蹈暖场，吸引客流的同时延长了顾客在商场停留的时间，让顾客逛街购物更尽兴。

日本一家名叫ByeByeWored的公司研发了一款名叫Big Clapper的“鼓掌”机器人。研发人MasatoTakahash在研究生阶段研究机器人交互技术时，发现自己对软触觉机器人非常感兴趣（软触觉机器人是由软触觉材料、软接头或软土层构成坚硬的电路中枢的一种机器人）。于是，他打算做一个可以让人们高兴的东西，所以这款可爱的机器人就应运而生了。这款机器人售价约为 3 万元。将机器人的电源打开，如果你靠近它，它就会识别有人靠近，并根据体内设置的程序面对你鼓掌，而且它可以依据不同的场景做出不同的反应。在商场放置一台 Big Clapper，它会主动拍手迎接顾客，吸引顾客的注意力；如果是在餐厅的生日宴会上，它会边拍手边唱歌，活跃气氛。Big Clapper 可以自如应对 500 多种不同的场景呢！如果把这款拥有可爱的外表和强大的功能的机器人放在商场里，是不是很吸睛呢？

场景 2：提供导购服务

目前的导购服务机器人主要能够实现以下三个功能。

（1）智能语音互动。机器人可以协助工作人员为顾客解答关于商场的各类基本问题，包括位置引导、促销信息、楼层信息查询、数据统计等。

（2）智能识别功能。在与顾客互动的过程中，机器人通过智能识别可以提供人脸识别、商场 VIP 会员识别、身份证识别、异常声音识别等身份认证服务，还可以结合商场实际情况，实时控制商场人流。

（3）广告播放功能。通过智能硬件载体，机器人不但可以向顾客推送商场实时信息，而且可以向顾客推荐其可能感兴趣的热销商品，扮演商场导购的角色。同时，机器人可以在顾客逛商场的碎片时间，为顾客提供饮料或零食等小金额、需求频度较高的商品购买服务。

自 2016 年推出全自主商用服务机器人“PEANUT”，并在上海凯德龙之梦、红星美凯龙等地试运行以来，擎朗智能 PEANUT 系列机器人已服务于商场、餐厅、超市、图书馆、KTV 等领域。PEANUT 系列机器人应用公司自主研发的全自主定位导航技术，通过激光雷达+机器视觉+红外灯多传感器融合技术，让机器人能在大范围、大空间、人流量大的环境中稳定运行。例如，机器人可以在商场这类复杂、人流量大的环境中稳定运行，可智能判断并躲避障碍物，实现极速响应。在商场中，当有顾客进入店铺，机器人可以通过人脸识别技术，准确识别顾客身份信息，再通过对系统内该顾客过往消费数据的分析，推测出该顾客的需求，并提供智能推荐服务。

场景 3：跟随顾客购物

智能跟随机器人的工作模式主要有两种：一种是机器人用追踪模块进行跟随；另一种是通过顾客佩戴定位模块实现跟随。目前，智能跟随购物车采取的是第二种工作模式，即通过顾客佩戴手环、手表或手机 App 来实现智能跟随。在遇到障碍物或行人时，智能跟随购物车或自动绕开或停止移动。

对顾客而言，智能跟随购物车能够解放自己的双手，实现轻松购物。大部分智能购物车上都装有导购系统，顾客不需要因为找不到自己需要的商品而满商场转，也不需要询问人类导购员，只要通过语音或在自己的智能购物车上输入想要购买的商品，它就会自动带顾客过去。对商家而言，智能跟随购物车可以节约人力成本。智能跟随购物车可以代替导购人员和收银员，必要的时候还能代替搬运工。与人类员工相比，智能跟随购物车具有普通机器人所具有的不疲劳、不厌工、没脾气等优势。

但是，如今的智能跟随机器人的智能程度还不够。在商场人流量大的时段，智能跟随机器人往往会因判断前面有人而停止移动，即便前面的道路已经足够让其通行，但在它的判断中，仍是需要停止。对于这种情景的发生，智能跟随机器人反而会降低顾客的购物体验。

2018 年 1 月，位于重庆市九龙坡区的全国首家永辉 BRAVO 智能体验超市正式开门营业。永辉智能超市门口，多辆智能跟随购物车集结待命。顾客只需带上一个特制的手环，智能购物车就会自动跟随顾客的步伐。智能购物车的前端有一个红色的小点，这是红外线感应技术装置；智能购物车的前端还设置着摄像头，在遇到障碍或紧急状况时，智能购物车可以立刻停下来，防止对顾客造成伤害。

场景 4：安防巡逻

安防巡逻机器人是一款全自动监控机器人，可以实现 24 小时商场巡逻作业，它们可以沿着指定路线巡逻，也可以完成定点巡查拍照任务。特别是夜间巡逻，机器人的不知疲倦、夜视和威慑能力非常突出。

在美国加利福尼亚州圣何塞的 Westfield 购物中心，一个重 136 千克、高 1.52 米的机器人正在商场巡逻，样子十分可爱。这款机器人由蓄电池供能，可以使用 Wi-Fi 与坐在监控室里的管理人员进行远程沟通。从性能来看，它具有灵敏的感应和分析系统，可以全方位观察周围的环境，利用红外线高清摄像头精确地记录实时情况。同时，它的双声道声音系统能够捕捉到突发事件中的关键声音元素，如玻璃打碎的声音、街道上的喧哗声等。如果把它放在停车场，它可以在一分钟之内读取 300 个车牌，并且能够准确判断其中是否有犯罪车辆等。当然，这主要得益于它背后强大的数据分析系统。此外，这款安防巡逻机器人体内还设置着麦克风、GPS、天气感应器、电子马达和闹钟，具有检测温度、大气压力和二氧化碳浓度等功能。

场景 5：清洁打扫

扫地机器人是家庭清洁的一种工具，它可以自由移动，机身也可以附加其他智能功能，如语音、人脸识别等。

2018 年 8 月，一款名叫 ECOBOT SCRUB 75 的清洁机器人入驻杭州湖滨银泰百货，承担起商场奢侈品区域占地约 1.8 万平方米的清洁工作。该区域覆盖着高端大理石地面，墙体大面积使用了高级玻璃材料。那么，这些造价昂贵的材料会不会被清洁机器人损坏呢？事实上，ECOBOT SCRUB 75 内安装的安全系统能够规避这种风险，它的安全系统涵盖激光雷达、深度摄像头、超声传感器、电子防撞条等部件，能对玻璃、水渍、垃圾等 20 余种清洁场景下的特殊物体进行精准识别并全方位规避盲区，因此即便四周玻璃环绕，ECOBOT SCRUB 75 仍可以安全无误地开展清洁工作。

场景 6：物流仓储

2017 年 10 月 27 日，沃尔玛宣布将在 50 多家超市引入一种能在过道里自动穿梭的货架扫描机器人。这款机器人可以自动扫描货架上的货物，判断是否缺货，识别价签标注是否正确、货物摆放位置是否正确，还能对缺失价签进行补贴。当货架上的货物不足时，它会通知管理人员。这款机器人是全自动的，能够根据 3D 成像进行自动避障。沃尔玛负责美国地区和电子商务的 CTO（首席技术官）杰里米 • 金表示，这款机器人检查货架的效率比人类检查货架的效率约高 50%，准确率也更高。沃尔玛有关领导强调，此款机器人主要用于协助人类，而非取代人类。沃尔玛有关领导认为这款机器人能够参与单调重复的工作，但是在抓取货物方面，这款机器人的表现还不完美，人类员工还是远远优于机器人的。

此外，沃尔玛与零售自动化公司 Alert Innovation 合作，在新罕布什尔州塞勒姆市沃尔玛超市部署了 Alphabot 系统，以提高在线订单的出货速度，并为顾客提供取货直通车道。Alphabot 的核心技术是移动机器人，通过主控系统，这些移动机器人能够在多层仓储结构中，做出各方向的移动。Alphabot 系统的移动机器人会自动检索订单的货物，并从仓库取出货物，按照订单将货物整合到一起，从而使整个选购过程变得更加容易。沃尔玛有关领导表示，沃尔玛店内绝大多数的杂货产品，将会通过 Alphabot 系统来出货。借助这个系统，95%的订单能够在 8 分钟内完成，这使员工有更多的精力专注于服务和销售。不过，农产品和生鲜产品，还是会经沃尔玛的员工挑选后再出货。

随着机器人技术和人工智能技术的发展，将来会研发出更多、更灵活的机器人产品并生产落地，以用于提升顾客逛商业空间的体验。这既是新兴机器人产业发展的趋势，也是机器人助力商业空间价值提升的切入点。

【案例分析】

商场选择机器人提升客流量和商场营收，可以关注以下三个方面的机器人功能特性。

（1）机器人动作完成度。机器人可以在商业空间内完成一定的动作，如基本的点头、来回走动、识别人及与人进行实时对话等。机器人可以通过语音识别、触摸交互、移动互联等方式，为顾客提供咨询、引导、预约、宣传、表演等服务。

（2）机器人交互多样化。机器人交互包括语音、人脸识别、指纹识别等。企业可以将使用场景内容定制进去，如播放图片或视频、切换官网、语音对话等。随着人脸识别技术越来越成熟，人脸识别功能已成为机器人交互的标准配置，机器人可通过人脸识别采集顾客数据，帮助企业对顾客进行分类管理。

（3）机器人制造工艺与接口。企业在选择机器人的时候，需要看机器人制造工艺精良程度、是否具有开放接口、是否可以定制其他应用。如果机器人产品做工精良、有开放接口，并且能够实现个性化定制服务，证明机器人使用将更加贴合使用场景。

如今，用于商业空间的机器人在技术、价格及外观上依然存在一定的局限性。这些服务型机器人仍处于弱人工智能阶段。商场里的大部分机器人都是按照早已编辑好的程序，循规蹈矩地为顾客服务，在服务体验和服务效果上，依然有很大的提升空间。例如，商场导购型机器人数据库中存储的数据有限，虽然能够语音识别顾客询问的部分问题，但是如果顾客询问的问题商家没有存入机器人内置数据库，机器人就会提供一个错误的答案，甚至无法提供答案。逛商场的顾客在尝试与机器人沟通几次未果之后，顾客的体验感和满足感就会降低。

此外，运营商投入大量成本置备多个商场机器人，除了提升商业空间的氛围和顾客的购物体验，还需要进一步借助机器人挖掘沉淀的顾客行为数据资产。商场中的机器人前端是与顾客的语音交互平台，后端则是大数据架构的计算机运算中心。在应用场景中，以解决商场导购为切入点，机器人每天都会与顾客产生大量交互，并将交互数据传输至线上管理平台，平台再对数据进行统一存储与管理。机器人应用越多，数据量则越大。

未来，这些数据就会逐渐形成一个有价值的顾客行为分析数据库，为商家提供更加精准的顾客营销服务。

机器人产品的商场应用场景如图 3-9 所示。

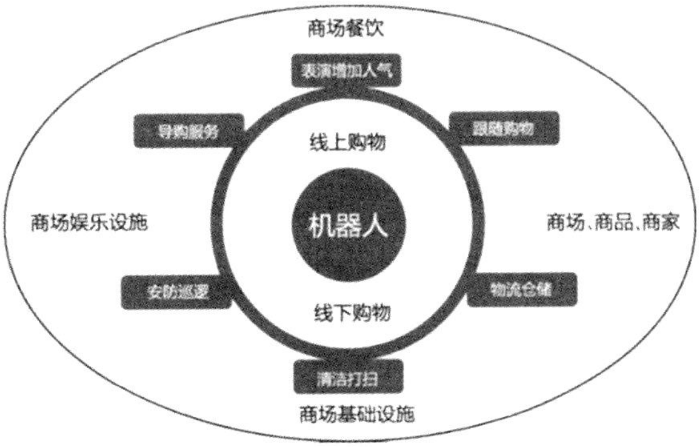

图 3-9　机器人产品的商场应用场景

3.10 把握风口：人工智能助推产品升级

介绍人工智能之前，我们需要先了解一下人脑的智能机理。人类大脑的构造十分复杂。成年人的大脑约重 1400 克（以成年男子为例），大脑中 75%的空间被水占据，脂肪比重为 60%。大脑由约 1000 亿个神经元（神经系统最基本的结构和功能单位细胞）组成，并由约 100 万亿个神经突触连接。大脑内血管总长度为 16 千米。据研究测算，大脑数据存储量达 1000TB，是《大英百科全书》的 5 倍。虽然大脑的重量只有身体的 2%，但它能消耗身体大约 17%的能量、20%的氧气。

大脑和计算机都是由大量的基本单元组成的。神经元和晶体管，这些基本单元相互连接构成复杂的网络，处理由电信号传导的信息。从宏观来看，人类大脑和计算机的体系结构类似——由输入、输出、中央处理、内存等独立的单元组成。

就基本操作的速度而言，目前人类开发的计算机具有巨大优势。2018 年 6 月，美国能源部发布由国际商用机器公司（IBM）开发的一台超级计算机，并将其命名为“顶点”。据 IBM 称，这台计算机的浮点运算速度峰值可达每秒 20 亿亿次，而检测计算机处理器浮点运算速度则是各国判断计算机性能的最主要的手段。而大脑的运算速度可以通过神经元相互通信的过程来估算，神经元在信息传导中会在神经元细胞体附近释放脉冲电流，并沿着轴突传递，轴突连接着下游神经元。在上述过程中，信息按脉冲电流的频率和时间进行编码，且神经元放电的最高频率约为每秒 1000 次。研究者认为这就是说大脑每秒最多可执行大约 1000 次基本运算，与计算机的运算速度不可同日而语。

就基本操作的精确度而言，计算机也比大脑有更多优势。根据数位（二进制，即 0 或 1）“指派”的每个数字，计算机可以使用任何期望的精确度表达数量，如 32 位二进制等于 40 多亿的十进制。而对大脑的实验性证据表明，由于生物噪声，大部分神经系统可能会上下浮动几个百分点，精确度最高达到百分之一，相比之下，人类大脑神经系统的精确度仅是计算机的百万分之一。

然而，最新研究报告指出，人类大脑在现实生活中比计算机处理问题更优秀、更高效，并能够处理更复杂的任务。从在复杂环境中精确识别出环境变化和某一个特别物体或行人，到伸手接过别人递过来的一杯茶，并将其平稳地放在嘴巴上饮用，人类大脑处理各类事件的能力、学习能力和创造力比计算机更胜一筹。

人们发现，在现有技术水平上，计算机的运算速度和信息存储量早已超过人类大脑的水平，但是目前计算机还不具备像人类一样学习和思考的能力，这是一个亟待解决的课题。人类凭着直觉和挑战未知的天性，认为如果身边有一个更接近自己自然智慧的计算机，会更有利于人类社会的发展，因此以计算机的发明为一个标志性的起点，人类开始不约而同地研发如何使计算机有一天能像自己一样思考、对话并代替自己去工作。目前，人类大脑至少有三个方面是计算机无法超越的。

首先，人类大脑可以进行并行信息处理，在处理大量复杂信息方面，数量庞大的神经元之间建立连接和反馈信息的能力更“智慧化”。例如，职业网球手能通过观察、分析网球的运行轨迹，结合网球的最高运行速度（约 257.5 千米/时）和运行位置，快速移动至球场最佳位置，摆动手臂，甩动球拍将网球击打至对方的场地，击打动作在几百毫秒之内完成。此外，大脑完成所有任务消耗的能量仅是计算机的十分之一。

其次，人类大脑与其他事物的交互不仅存在于各个神经元之间，还存在于整个大脑和外部世界之间，通过不断学习互动，逐渐形成人们经常说的“常识”或“经验”，指导自己的认知和行为，使自己更聪明。而计算机的学习能力目前仅限于人类事前编辑好的认知数据和轨迹上，有科学家称现在最先进的人工智能认知和学习水平还无法超过一个人类五岁小孩儿。对人工智能来说，具备像人类一样学习基本技巧的能力还有很长的路要走。

最后，人类大脑能够创造，并能在创造的阶段性成果上进一步升级。人类的创造力不是天生的，而是在人类发展进化中持续摸索和传承来的。创造包括设定假设、设计方案、实践、复盘总结等基本步骤。设定假设本身就是一种创造，最直白的就是假设我们要完成一篇论文，如果在提出问题阶段论题假设没有做好，很可能会影响到论文结论和成果输出。人和人之间一旦进行比较，就会使“提出假设”这一充满想象力和创造力的行为产生差距，更别提有板有眼按照程序“办事”的计算机了。在一段程序开始的时候，程序员们必须不断输入“if”假设条件，为后面的程序运算实现铺路。一个优秀的程序员“if”设计得好，能够少走很多弯路，在除漏洞的阶段也能少费一些力。教会计算机主动提出假设，是目前人工智能面临的一个挑战。

然而，人类从未停止过对人工智能的研究，并且已积累了大量的成果。报告指出，自 2000 年以来，人工智能方面的文章的发表数量增长了 9 倍，入读斯坦福大学学习人工智能课程的人数大幅度增加。在某些应用领域，人工智能机器人做得比人好，如图像和语音识别、动作捕捉、将皮肤癌细胞照片分类等。

2017 年，《国务院关于印发新一代人工智能发展规划的通知》发布之后，各省市纷纷出台人工智能支持的相关产业政策。2019 年 2 月，科技部发布《关于申请建设北京国家新一代人工智能创新发展试验区的函》，支持北京市建设国家新一代人工智能创新发展试验区；充分发挥北京在人工智能领域国内顶尖研究机构众多、专家团队聚集等优势，加大人工智能研发部署力度，强化原始创新，扩大应用示范，力争在人工智能理论、技术和应用方面取得一批国际领先成果，打造全球人工智能技术创新策源地，支撑引领北京壮大高精尖产业、实现高质量发展。北京已成为人工智能、智能制造、机器人等战略新兴领域的产业高地。

人工智能的研发是一项基础技术，要实现产业化必须与实际生产生活应用相结合，在技术高速发展的今天，越来越多的人相信人工智能可以在几年内从一门基础前沿科技研究走向应用型研究。中国青年报社联合人工智能行业领军企业旷视科技开展的一项调查显示，89.4%的受访者看好人工智能产业在未来 5 年的落地应用，47.3%的受访者认为产学研合作不足是人工智能产业落地的最大难点，57.1%的受访者表示高水平人才稀缺制约人工智能产业发展。对于当前的人工智能产业落地应用，人们了解最多的是：自动驾驶

（53.7%）、智能机器人（53.4%）、智能家居（44.8%）、智能医疗（40.7%）、智能设备（35.3%）、智能教育（30.9%）等①。这些行业都充满了人工智能可以渗透的实际应用场景。应用场景多了，互相之间就会产生联系，人工智能产业架构也会越来越清晰。

每一次人工智能的发展都伴随着研究方法的突破，深度学习是近年来机器学习技术突破的重要代表之一。随着人工智能研究和应用领域的不断延伸，未来人工智能将迎来更多种技术的结合应用。

如何实实在在地把握人工智能产业的发展机遇呢？随着人工智能产业拐点的到来，从高端论坛到舆论，人工智能已成为人们新的关注焦点。笔者在前面已经描述了人类大脑和计算机的差别，就是想要谈谈在现阶段，企业创新升级应如何“真正地”把握人工智能产业的发展机遇。

如果用一个比喻来说明，现阶段的人工智能产业就如同一座浮在海平面上的冰山，露出来的仅仅是很小的一部分，海面下还有庞大的冰山尚待开发。人工智能基础前沿科技产品如同海面下的庞大冰山部分，尚待有实力的人类去开发；而准人工智能或者人工智能“概念性”应用如同海面上露出来的小部分冰山，虽然庞大的基础科技还没有被开发出来，也就是说产品还不够智能化，但是依然有非常多的切入点和市场发展机遇。

如今，世界各科技巨头纷纷涉足人工智能产业，下面为大家列举一些案例。

---

① 王聪聪. 89.4%受访者看好人工智能未来 5 年的落地应用. 中国青年报，2019-03-05. http://it.people.com.cn/n1/2019/0305/c1009-30957346.html.

案例 1：亚马逊——扩大亚马逊网络服务的范围

亚马逊致力于开发基于云端的人工智能服务，为开发人员提供更多便利。

2017 年，公司就推出了 Amazon SageMaker 服务，旨在建立一个开发框架，更快地把机器学习集成到自己的新应用中。Amazon SageMaker 是一个具有完全管理能力的端到端机器学习服务，可以帮助数据科学家、开发者、机器学习专家们快速建立、训练、运行大规模的机器学习模型。

在 AWS 峰会上，亚马逊公布了其云平台上可用的新计算服务，以及他们最近在机器学习方面的努力。

公司宣布改进后的 SageMaker 服务可以让开发人员在云端构建和测试应用程序。SageMaker 流算法的引入意味着开发人员将能够传输大量数据并有效地训练自定义机器学习应用。

案例 2：苹果——改进 Siri

虽然苹果公司的产品广受欢迎，但是在人工智能领域的发展一直落后于竞争对手，其 Siri 和其他人工智能项目开发业的水平还没有达到 Google 和亚马逊所宣传的水平。

苹果公司一直在为改变这种情况而努力。2018 年 7 月初，苹果公司的核心机器学习团队迎来了 Google 的前人工智能负责人 John Giannandrea 担任他们的机器学习和人工智能战略主管，John Giannandrea 将直接向苹果公司 CEO Tim Cook 汇报工作。

这只是苹果公司为提升人工智能竞争力的众多措施之一。据悉，2017 年，苹果公司收购了几家人工智能初创公司，包括以色列的面部识别技术公司 Real Face 和德国眼球追踪技术公司 SensoMotoric Instruments。这两项收购表明苹果公司正在进军更先进、更直观的人工智能产业，努力赶超竞争对手。

案例 3：英特尔——推动人工智能在自动驾驶、医疗等领域的应用

近年来，英特尔对人工智能的态度已经变得非常明朗。为推进人工智能战略，公司与中国科技巨头百度公司合作，联合开发自动驾驶汽车的人工智能。

2018 年 7 月 4 日，在百度 AI 开发者大会上，英特尔宣布与百度公司达成深度合作，参与百度“阿波罗”（Apollo）自动驾驶汽车项目，并决定使用责任敏感安全模型。

英特尔还与三星集团合作，共同探索在医疗保健应用中使用人工智能的可能性，以期创建一种能够研究不同疾病甚至检测肿瘤的人工智能。

此外，英特尔还与《福布斯》杂志联合创建了一个数字出版物，重点关注基于人工智能的新闻创作。

案例 4：IBM——使用人工智能治疗癌症，以及与人类进行辩论

IBM 曾凭借革命性的人工智能——Watson，多次登上新闻头条。目前，Watson 已被用于自动驾驶汽车和日常商业活动。

作为 Watson Health 的一部分，IBM 与美国退伍军人事务部合作，根据其特定的基因组数据为癌症患者制订治疗计划。

该项目于2016年启动，通过Watson的应用，彰显了在医疗环境中使用人工智能的好处，特别在对数据的编译和评估方面，人工智能比任何人类医学专业人员都要快得多。

2018年6月，IBM推出的人工智能系统Project Debater在一场辩论赛中击败了人类顶尖辩手。Project Debater还没有明确的商业目标，但其令人印象深刻的技术展示，是IBM在人工智能领域布局的一个很好的案例。

案例5：微软——通过人工智能拯救环境

2018年7月，微软公司宣布与国家地理合作，为全球环保研究提供资金支持，并开展了一项总额为100万美元的“AI for Earth Innovation Grant”计划，该计划允许数据科学家使用微软的云服务和人工智能工具。

计划将挑选5～15个受资助者，资助项目范围包括生物多样性保护、气候变化、农业或水资源研究，每个项目资助额在20万美元以下。另外，所有通过资助计划而获得资源建立的人工智能模型，都需要进行资源共享，让其他研究者可以借此继续研究。

此外，微软公司发布了关于Dynamics 365人工智能的信息。这是微软公司新一代云端智能商业应用，通过对CRM和ERP软件的整合，帮助企业实现数字化转型。尽管微软公司不像其他竞争对手那样专注于个人消费者，但微软公司最新的人工智能行动无疑证明了该技术在不同行业和领域的迅速普及。

【案例分析】

基于前面的分析，人工智能产品目前尚停留在基础科技研发和初级应用场景挖掘阶段。

先说基础科技研发类产品。比如，更强的运算处理器、更敏捷的算法、更厉害的深度学习模型构建、更庞大的数据信息处理能力等，这些基础科技研发也能提供产品。这些产品就是工具型产品，工具型产品是用来生产应用型产品的。和其他前沿科技的研发一样，这些产品的研发从实验室里开始，就需要大量的人力、物力、财力的投入。人工智能基础科技研发类产品需要开发企业投入大量的资金和人力，并且聚焦在一些阶段性技术研发成果输出。

成果1：人工智能芯片的开发。全球开发计算机芯片的企业有几家，但人工智能计算机芯片的开发甚至是超级计算机芯片的开发，这一块业务估计目前世界上仅有少数企业能做。

成果2：人工智能算法、深度学习模型的开发。除了看到精彩的逻辑和结构图表，还有大量的研发专利，以及企业组建的庞大的人工智能相关专家团队、可以占据整个大型房间的超级计算机及国家调动资源级别的支持。

成果3：人工智能标准的制定。一些权威技术联盟发布人工智能相关细分标准，这些标准可以帮助人工智能技术更好、更规范地开展研发及产品化落地。

如果创新部门或企业想要介入基础科技研发类产品，如核心组件、算法、规则等的研发，建议首先尽可能找一个极小的突破口。如果要布局学科基础技术产品的研发，应聚焦一个新细分研发产品。

下面我们谈谈人工智能应用领域产品。目前，人工智能正在不断向更智能化发展，各应用场景与人工智能的结合已经可以生产出大量让我们生活和生产更美好的产品。人工智能与应用领域产品的结合体现在以下四个方面。

首先，与之前有限的参考信息和数据库比较，现在的参考数据更庞大，共享和调用其他数据库更方便。

其次，人们不用自己处理信息和数据，机器可以按照精准的筛选标准来处理信息，只将人们需要的数据推送给大家，帮人们的生活和生产节约时间、提高效率。

再次，人们能够被机器更好地识别，而不需要跟机器发生一系列的专业交互之后，才能让机器感受到人类的存在和特征。无论是外貌、语言还是动作，机器都能够捕捉并分析，节省了人们告诉机器及教会机器发生捕捉行为的时间，提高了效率。

最后，一些人们想象到，但是暂时无法实现的预测，可以用机器来更精确地模拟。模拟结果很好地完善了人们的想象，人工智能加速了人类智能的认知提升。

如果企业恰巧找到一款全新的产品，或者通过人工智能提升了现有应用产品的性能，能帮助人类生活得更美好，那么企业就可以从这个切入点开始设计人工智能的应用产品。

人工智能产品体系如图 3-10 所示。

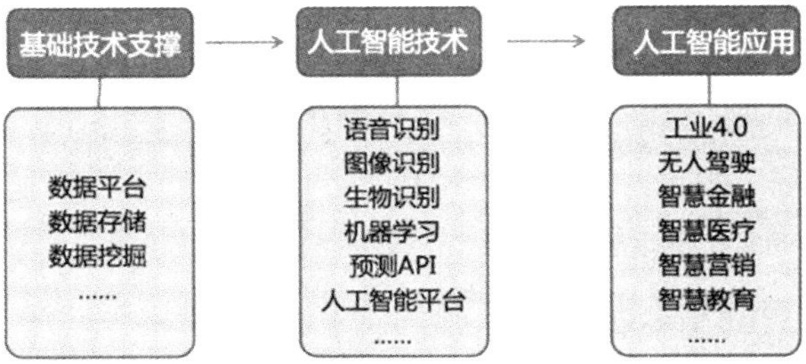

图 3-10　人工智能产品体系

3.11 少走弯路：跨越企业产品创新升级误区

误区 1：产品创新升级主要是增加产品复合功能，多功能产品能够解决更多的客户需求

企业认为客户购买产品是为了使用产品解决其需求，产品经理从这个逻辑出发，会在产品创新升级过程中，尝试在产品中加入更多功能，希望更强大的产品复合功能可以给客户带来更好的体验。某知名家电公司的洗衣机功能先进、外观精美，因此在国内市场深受消费者欢迎。为了提高竞争力，该公司在对洗衣机进行创新升级的时候，将洗衣机从具有简单的标准清洗功能，升级为集强弱烘干模式、单清洗模式、单甩干模式、洗鞋模式、洗丝绸模式、洗棉麻模式等多功能为一体的洗衣机。但是，过于复杂的功能与烦琐的操作，不仅降低了客户的使用体验，还增加了洗衣机的制作成本，致使销售价格也相应提高。当市场上出现能满足人们基本需求的洗衣机时，该家电公司这款洗衣机就自然被淘汰了。

跨越误区：不是每个客户都会仔细研究产品使用说明书，过于复杂的功能与烦琐的操作会使客户产生抗拒心理。成功的产品创新升级往往是将多余的功能去掉，仅留下产品的核心功能，以抢占消费者市场。

误区 2：产品创新升级就是想办法让最先进的技术融入产品中

如今，科学技术发展日新月异，大量的新技术和新工艺不断涌现，企业获取新技术和新工艺的途径也比之前更加丰富。企业产品研发团队在了解新技术之后，从新技术与产品特性方面考虑，希望能够在产品创新升级中融入新的技术，让产品更先进，也希望以新技术为卖点，吸引更多人购买创新升级后的产品。某企业推出了一款高档电视机，这款电视机采用的是当年最新的等离子显像技术，画质指标优于同类液晶电视，但是在进入市场不久后就宣布停产了。虽然该产品技术先进、画面清晰真实，但是由于使用了当时最先进的技术，导致生产成本增加，从而价格上也远远高于其他液晶电视，并不符合人们的需求。

跨越误区：在技术飞速发展的今天，先进技术与产品创新升级的融合，在技术上是完全可以实现的，然而并非技术越先进的产品就越能获得客户的认可，价格、实用性等也是客户关心的问题。如果新产品并非具备独一无二的排他性优势，那比同类功能产品更高昂的价格也许就是客户放弃购买该产品的原因。

误区 3：帮助客户创造需求也是产品创新升级，不管这种需求是否真实存在

有的企业看到市场上少量客户对新产品存在的客观需求，就以为这种需求是市场尚未开发的“处女地”，于是投入大量时间、物力与人力开发新产品。当产品投入市场后，才发现该产品只能满足少数人的需求，多数客户的需求不是没有被产品激发，而是根本没有这个需求。某企业开发出一款新型头戴式 AR 眼镜，他们看到一些老年人或高度近视者在银行自动取款机取钱，自动取款机的键盘数字很小，于是判断这些去银行取钱的人或银行本身就是他们的产品客户。如果人们头戴 AR 眼镜，就能看到自动取款机前的一个虚拟放大数字键盘。只要用手指在空中点击这些键盘的数字按键，就能输入银行卡的密码。这款 AR 眼镜投入市场之后，企业却发现无论是银行还是大众都没有购买该产品的意愿，最后以失败而告终。

跨越误区：企业在对产品进行创新升级前要充分开展市场调研，了解客户需求。产品创新升级应该建立在客户需求调研基础上，如果这类需求是少数人的需求并非客户的核心需求，甚至是一种基于产品研发团队假设的伪需求，则要冷静考虑推出新产品的必要性。

误区 4：产品创新升级要带来明显的产品功能及体验变化，改变包装等并不算产品创新升级

有的企业认为产品实质性的功能、结构或技术调整才算产品创新升级。为了向企业领导说明进行创新升级的必要性，产品研发部门提供的产品创新升级方案常常是实质性的甚至颠覆性的，伴随着方案也提出了增加产品研发人员及购买相关材料、设备的计划；而产品的包装等微创新却因为被领导判断“创新不足”而被忽略。某知名快消品企业要进行产品创新升级，先是设立了创新实验室，然后从业务研发部门调配大量的专业人士加入创新实验室，让创新实验室在短短一年内发展到了近百人规模，每次提出的产品创新升级方案都是颠覆性的，甚至将开发一款全新产品的方案汇报给企业领导。在获得许可之后，创新实验室投入大量经费，再经过很长的时间去研发新产品。然而，创新实验室运营一段时间之后，对于企业投入巨资开发的新产品，消费者并不买账，企业原有的产品销量也持续下降。

跨越误区：企业既要重视颠覆性创新，也要重视包括改变产品包装在内的各种微创新。微创新能够缩短新产品进入市场的时间，新产品早一些与客户见面，就能更快地获取客户对新产品的反馈，评估新产品满足客户需求的程度，适时进行对策调整。此外，产品微创新也能够逐步建立起客户的信任与黏性，提高客户持续购买产品的意愿。

误区 5：产品创新就是捕捉时下新的概念并在产品中加以整合及体现

企业将时下全民关注的新概念混合搭配，整合到产品创新升级中，其实这是一种误区。产品设计是非常严谨的，不能将类似的新概念整合，甚至偏离了产品固有的定位。在电子数字媒体日益盛行的趋势下，传统纸媒杂志销量受到一定影响，某出版社的负责人看到数字媒体和线上社交软件是当时的两个趋势，就提出开发一款线上手机软件，在这个软件上既能够让客户上传其写作与绘画作品、定制自己的线上杂志，又能够通过该软件在线上交流作品及兴趣爱好，实现线上社交功能。该出版社投入了数百万元项目启动资金，软件制作完成并投放手机软件市场后，一开始，软件通过纸媒杂志多年积累的固定读者社群导入了一些客户，但是由于给客户带来的使用体验不佳，很快这个项目就退出了市场。

跨越误区：企业在进行产品创新升级时，不能脱离产品的核心定位。一款产品的核心定位是产品创新升级的基础，新概念如果会对产品的核心定位产生影响，即使新概念在一段时间内可能得到市场的追逐热捧，企业也要认真考虑是否引入该概念。

误区 6：产品创新升级后，原有产品客户会自然认可新产品，不需要再进行客户培养

一些企业在产品创新升级之后，认为“酒香不怕巷子深”，忽略了对原有产品客户的培养。创新升级后的产品是否真的好，还是主要看产品客户在使用过程中的体验，以及产品是否能满足客户的需求。在如今同类产品竞争激烈的市场环境中，产品创新升级后的优点需要及时在最大范围内被客户感知到，才能真正确保企业的产品创新升级成功。某网站主打细分小众文学，客户定位为喜欢随笔、情感散文、小说的都市文艺年轻白领。网站上线后因其干净、独特的文艺风格及对客户有偿征文等各类吸引流量的活动，短期内积累了大量年轻文学爱好者。随后，网站在文章自动推送、细分讨论板块等方面做了升级，但是由于没有及时将这些升级点通知网站忠实客户及供稿者，导致在网站浏览者看来并没有做什么改变，最后这个清新的文学网站以丧失流量而告终。

跨越误区：企业在进行产品创新升级后，还需要配合适当的营销手段，对原有产品客户进行宣传、引导及简单培训。产品创新升级与新营销的融合已经不是简单的打广告搞促销这么简单，还需要提升到基于产品创新升级这一事件出发，为客户提供新的客户服务及客户维护工作中，让客户充分感知到产品创新升级为其带来的体验升级。

漫说创新：企业产品创新升级力

第 4 章　塑造体验：企业商业空间创新升级力

4.1　生活美学：商场化身艺术展厅

在现今的市场环境下，商业购物中心正面临新的挑战。一方面，因商家商品齐全、打折促销活动丰富，像奥特莱斯这样的一站式多品牌购物中心总能吸引大量消费者光顾。另一方面，线上购物平台打折促销活动层出不穷，通过线上购物平台购买商品，既方便又实惠，为消费者打造了极致的购物体验。而国内商场里没有办法买到的商品，通过各大电商的海外购物专区，就能实现一键下单，并通过物美价廉的极速国际快递送货上门……在 O2O 竞争对手带来的压力下，普通商场应如何寻找空间客户价值增长的新动力呢？

商场的物理空间有限，商业区域功能定位也存在边界，而艺术展主要针对艺术爱好者和文艺青年，艺术作品高雅、独特。艺术能够为商场提供空间美学、事件营销并且能够带来收益延展，商场的高人气又能够为艺术展带来高观众流量及艺术作品潜在客户。同时，画展和艺术品展比其他展品布展门槛低，然而其艺术 IP 的传播价值却不低。因此，商场与艺术的结合已成为激活商场获客的新方向。

绘画、雕塑等各类古典、前卫的艺术展进入商场会为商场运营商带来意想不到的商业价值。有报告指出，目前一线城市艺术主题业态在购物中心占比已上升至 2.6%，成为购物中心吸引客流的特色之一①。此外，艺术展不但会给购物中心带来租金收益，而且会带来门票和衍生商品收益。

本书选择了四个具有代表性的艺术与商业购物中心结合的案例，进一步说明艺术是如何帮助商业购物中心实现商业氛围提升与客户价值转化的。

案例 1：欢乐海岸盒子空间

盒子艺术空间是深圳华侨城欢乐海岸打造的商场公共空间与艺术结合的一个典型案例。深圳华侨城欢乐海岸作为高品质人文旅游、国际创意生活空间的中心，这个以海洋文化为主题、生态环保为理念、创新型商业为主体的巨型商业空间，形成了“商业+娱乐+文化艺术+旅游+生态”的新商业模式。

盒子艺术空间的开发商华侨城集团对艺术的介入有完整的系统，包括学术性很强的 OCAT（OCT Contemporary Art Terminal，当代艺术中心）、文化创意园，而欢乐海岸是这个系统里特点比较鲜明的部分。整体而言，占地约 125 万平方米的欢乐海岸是一个大的文创基地，集设计、艺术、人文于一体。

---

① 商业空间艺术主题研究报告. 睿意德，2015.

盒子艺术空间是具有前瞻性的艺术机构，其展示方式是让艺术作品直接进入亲民的大众场所，使艺术家的作品在一个开放的场所与场景产生特殊效果，从而促使艺术家产生新的思考，同时让更多的普通人能近距离接触艺术、了解艺术。盒子艺术空间很好地平衡了商业与艺术的关系：艺术的特色没有被购物中心的商业属性削弱，商业因艺术作品而更加活跃。

盒子艺术空间可以为学院教学提供支持，为青年艺术家提供作品的展示空间，为公众提供免费的艺术教育，为商家提高文化品位，为商业空间带来收益，这是一个“艺术文创属性+商业属性”的可持续发展模式，在未来一定会有更好的发展。

盒子艺术空间的创办理念是：盒子艺术空间不仅仅是为了完成一个个艺术展览，更重要的是在人们日益提升的生活品质需求下，如何进一步挖掘公共空间与展览模式、文化消费与公众教育之间新的可能性。欢乐海岸引入此类具有新意的原创艺术作品展览，一方面丰富了购物中心的文化艺术内涵，拉近了人们与艺术的距离；另一方面切实推动了当代艺术的发展，使商业成为公共艺术进步的重要推动力。

事实上，作为华侨城突破扩张瓶颈而打造的欢乐海岸获得了成功，2013 年其营收就突破了 20 亿元。该模式解决了商业物业回报周期过长的问题，并且突破了原商业地产模式的扩张瓶颈。

案例 2：K11

K11 成立于 2008 年，品牌隶属新世界发展有限公司。随着经济的发展与科学的进步，电子商务逐渐发展起来，人们的购物习惯发生了很大变化，这给传统百货业带来了巨大的冲击。传统百货业开始衰落，以海港城、太古广场、朗豪坊为代表的各类新型购物中心兴起。

作为香港四大地产商之一，新世界发展有限公司很早便涉足商业地产，其第三代继承人郑志刚在 2008 年对新世界百货顾客的调研报告里发现，购物中心的同质化日趋严重，他意识到商业竞争力需要一种创新模式来激活。因为同质化的购物中心对强调体验、社交与个性的新潮流来说是重大弊端。2009 年，郑志刚发挥自己对当代艺术的热情，在香港尖沙咀创办了 K11 购物中心。

购物中心内不再是柜台挨着柜台的紧凑设计，而是设计着弯弯折折的动线，让顾客不会感觉到局促和乏味。购物中心内随处可见设计细节，可供休闲的体验空间得到凸显，最引人注意的是位于各个角落的由艺术家精心设计的当代艺术品。

2013 年，上海 K11 开业，随后是 2017 年的武汉 K11，2018 年的广州 K11 与沈阳 K11。据公开资料，香港 K11 开业第一年就实现了盈利，到了第六年，集团财务报表显示其出租率接近 100%，每月平均客流量超 130 万人次①。

以大陆第一家位于上海淮海路的 K11 为例，上海 K11 开业第二年，推出了法国印象派画家克劳德·莫奈作品展。55 幅大师真迹成功引爆上海，三个月展期内累计 35 万人次参观。据统计，艺术展期间购物中心的营业额增长了 20%，并推动商业租金提升了 70%。

① 钱梦妮. 十年过去，K11 的“艺术商场”实验怎么样了. 第一财经，2018-07-07. https://www.yicai.com/news/5437394.html.

与此同时，展览官方衍生品以及购物中心各个品牌的系列限量商品接近800种，总共获得近4000万元收益。

上海K11艺术展立足于当地的文化底蕴，营造出国际化氛围及艺术气质，深受人们欢迎。但购物中心的艺术展并非一味追求“高端”“高档”，而是与顾客的购物倾向契合。K11定位为25～50岁追求现代生活的群体，这些群体为中高端商务人群，他们拥有一定的经济能力，懂得享受并重视生活品质。

上海K11在购物中心地下三层开辟了3000平方米的chi K11艺术空间，定期举办艺术展览、教育讲座、工作坊等，真正做到了艺术与商业的结合。同时，这里设有K11文华学院，为不同年龄层的顾客提供艺术教育，人们可以去上“艺术人生的软陶课”，也可以去学习调制鸡尾酒、插花等。

案例3：北京来福士艺术共享空间

2018年5月，北京来福士购物中心地下二层全新打造的体验式共享空间“趣品廊”正式揭幕。这是集艺术展示、商场会员中心、综合体共享服务于一体的全新体验空间，并注入更多设计感和互动性，打造出融合商务配套、艺术共享、休闲社交等多场景的城市生活美学体验地。此外，“趣品廊”推出“奇幻之城”艺术首展，精选18位大师多领域、多类型的艺术作品，为消费者带来风格各异、极具想象力的艺术之旅。

“奇幻之城”艺术展首次开展，涵盖架上绘画到雕塑及新媒体展示，采用一步一景的方式布置多元化的艺术空间，配合来福士的当季主题，以艺术体验探索的新方式，带领消费者一同走进艺术、时尚的美好空间。

各种各样的艺术作品分布在来福士购物中心的各个角落，为购物中心带来了别样的生机。创新式的空间共享，重新定义了消费者的生活与工作场景，使来福士成为智慧生活与城市美学结合的消费主场。在“奇幻之城”中，艺术家们还为展览量身定制了各种题材的艺术盒子，艺术盒子的灵感来自购物中心的橱窗、盒子空间，为消费者开启了一种别样的艺术观看方式。

案例 4：昊美术馆

昊美术馆（上海）位于上海浦东，2017 年 9 月 20 日正式对外开放，总面积约 7000 平方米，其中展厅面积约 5000 平方米，美术馆办公、仓库和服务区域约 2000 平方米。昊美术馆共有三层空间，其中一层和二层为展览空间，三层为昊设计中心和昊艺术商店。

出于公众性的考量，昊美术馆实行“夜间美术馆”的对外开放和运营模式，其常规对外开放时间为下午 1 时到夜间 10 时，周末及节假日开放时间则延长为上午 10 时至夜间 10 时。消费者可以在夜晚独自到美术馆逛一逛，感受不一样的艺术人生。

与此同时，位于昊美术馆三层的昊设计中心也盛大开业。昊设计中心分为展览空间、HOW Store、HOW 图书馆、HOW 沙龙四大空间，是集展览、品牌整合、跨界合作于一体的创新性平台。昊设计中心与全球顶尖设计师、品牌及艺术家合作，其展览结合艺术展示和商业两个模式，将设计艺术化，艺术生活化。店铺里除了艺术设计感极强的陈列摆设，还加入了智能陈列柜的展示形式，消费者可以通过可触摸的透明屏幕，在界面上进行操作来了解品牌故事、设计师及商品详细信息。此外，消费者可以直接扫描二维码线上购买。

在购物中心过剩、同质化竞争严重的局面下，与艺术“联姻”是购物中心吸引消费者的一个创新策略。

【案例分析】

艺术展如何进入商场，才能既具有艺术性又能提升商场业绩？商家需要着眼于以下两个方面。

首先，艺术展进入商场的定位应为商场的营销活动。艺术展可以“酒香不怕巷子深”，在世界任何角落举办；也可以追求一种个性十足的风格，张扬艺术家个性和艺术主张。但如果要进入商场，艺术展的布展风格就不能与商场格格不入。艺术展进入商场，本质上来说是为了激活逛商场的消费者的“第四消费”力。日本学者三浦展提出的“第四消费”是一种注重关系建构的参与性消费，一种非物质性的、自我养成式的消费[①]。“第四消费”和“第一消费”“第二消费”“第三消费”最大的区分在于“第四消费”更多的不是对于物质性的消费，而是对于非物质性的消费。正确的活动设计逻辑应满足消费者的精神需求，让消费者认同商场的品牌和商场提供的艺术展这项服务，从而增加消费者对商场的黏性，消费者逛商场的次数多了，购买商品的概率也会提升。

其次，艺术展进入商场既不是简单地将二者的距离拉近，也

---

① 三浦展. 第四消费时代. 北京：东方出版社，2014.

不是艺术作品与商场商品的紧挨式堆砌。艺术大咖（如莫奈）的作品展进入商场，虽然能够产生很大的 IP 效益，但是对商场运营商而言，该艺术展的成本并不低。知名度低和实力不足的中小型商场要谈到艺术大咖的作品展很困难。同时，艺术展进入商场的模式复制门槛比较低，商场同质化竞争严重。要提高艺术展对商场客户价值转化的推动，背后还是靠艺术展策划的创新实力及合理的运营。这些竞争实力体现在艺术展作品的筛选、进入商场的活动具体细节、陈列布展细节及前期、中期、后期的 O2O 营销手段。

好的商场艺术空间应该是“购物中心+艺术内容+体验式营销”的融合。购物中心为艺术内容和体验式营销提供了合适的“舞台”，既保留了艺术内容的独特性，又能够体现其商业市场流通的属性。艺术内容会让消费者眼前一亮，既为购物中心增加了卖点，也能够满足消费者的精神需求，刺激消费者的感官体验，进而使消费者对艺术内容产生好感。体验式营销模式能够让艺术内容的展示成为一场事件营销，拉近消费者与购物中心精心准备的艺术内容的距离；体验式营销还为购物中心打造了一种无形品牌资产，进而提升购物中心的市场获客竞争力。将艺术内容融入购物中心体验营销中，能够提升购物中心满足消费者精神需求的能力，获得消费者对购物中心在情感上的认同，从而增加消费者对购物中心的黏性，进而提升购物中心的销售收益。

购物中心与艺术内容、体验式营销的融合模式如图 4-1 所示。

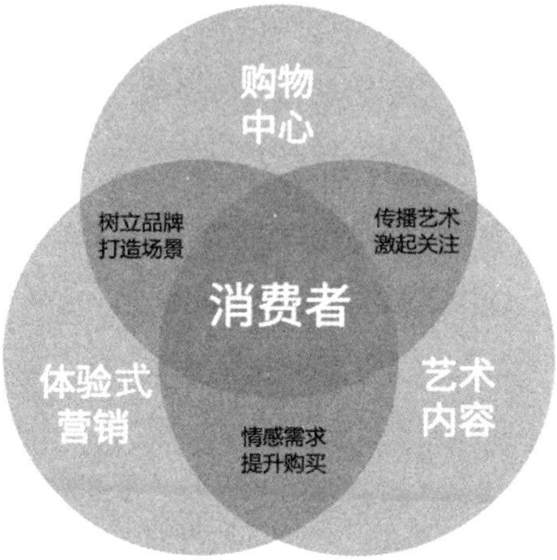

图 4-1　购物中心与艺术内容、体验式营销的融合模式

4.2　让人迷路：超大型社区商业综合体

数百个品牌店铺和数千个停车位整合在一栋商业综合体里……叫作荟聚。某个周末，我第一次去荟聚购物中心，刚进去就惊呆了，这哪里是综合体，简直是一座室内小型生活休闲社区。这里的品牌以大众消费为主，店铺密集排列，服装店挨着餐饮店，还不算位于上下几层空间中的摊位，以及一些店中店（如宜家家居、苏宁电器、食通天餐饮等），如同一座“购物+生活”的迷你城市。

北京大兴区西红门荟聚购物中心开业于 2014 年 12 月，总空间面积约 50.7 万平方米，租赁面积 20.7 万平方米，商场总体定位为“具有国际化标准的一站式超区域型购物中心”。开业时荟聚购物中心的商户为 560 家，地下车位达 6500 个，业态为“时尚+生活娱乐+儿童+餐饮+服务+电器”，消费者定位为 22～35 岁的年轻时尚群体[①]。荟聚购物中心的开发商和运营商是宜家购物中心集团，其原名为英特宜家购物中心集团，2001 年由宜家家居母公司宜家集团与英特宜家集团分别出资 49%和 51%合资成立。

在欧洲，英特宜家购物中心集团已经是一个成熟的购物中心开发商，在德国、波兰、法国等 10 个国家和地区经营着 45 家购物中心。它们通常坐落于交通便利的郊区地带，拥有巨大的停车场，品牌齐全，能够解决一站式消费需求。这些由英特宜家购物中心集团开发和管理的购物中心在各地拥有不同的名字，但最明显的共同点是所有购物中心内都有一家宜家家居店。荟聚购物中心就是英特宜家购物中心在中国的翻版。

2014 年，购物中心经营不景气，这种状况在 2019 年依然持续着。荟聚却在购物中心经营不景气的时候，逆流而上。有咨询公司统计表明，荟聚这样的模式已经取得了成功。仅过了 3 年，即 2017 年，荟聚已经成为北京客流量最大与最受人们欢迎的购物中心[②]。

荟聚购物中心的营收情况如何呢？据统计，荟聚购物中心用三年时间到达成熟期，成熟期客流量稳定在每年 3000 万人次，再加上宜家家居的 500 万人次，这个购物中心每年有 3500 万人次的客流量。2014 年 12 月 19 日，荟聚购物中心在北京西红门宜家家居旁正式投入运营。开业后当天下午 5 时，客流量已经突破 6 万人次。据财报，北京西红门荟聚购物中心 2018 财年（2017 年 9 月 1 日至

---

① 荟聚官网，https://www.livat.cn/.

② WIFIPIX. 北京核心商圈与新兴商圈趋势对比分析报告. 北京：WIFIPIX 线下大数据中心. 2018.

2018年8月31日)销售额达36.3亿元(不包含宜家家居的销售额),相较2017财年33.4亿元的销售额，同比增长8.7%。这样的成绩，让北京荟聚购物中心与市内核心区的购物中心相比也毫不逊色。

虽然荟聚购物中心的位置不在北京市中心商业区,但是荟聚购物中心依然吸引着越来越多的人到访。有咨询公司统计，从商圈的整体到访指数来看，以北京市中心老牌商圈西单商圈为例，整体的消费者到访指数很高,新兴商圈西红门商圈虽然整体到访指数与老牌商圈相差很多，但是增长幅度很大，而西单商圈到访指数基本没有变化，甚至略有减少。

【案例分析】

从商业运营上,荟聚购物中心的商业模式有以下几个方面可供其他一站式商业综合体借鉴。

第一，商业定位符合当地区域定位。荟聚购物中心的商业定位符合城市规划中的区域定位,并且其业态整体定位从入驻商家经营需要与购物中心消费者的需求出发。荟聚购物中心重视消费者的消费体验，顺应消费者逛购物中心时的消费心理，努力满足消费者的复合需求，尤其是社交需求和情感需求。

第二，选择的地段地租对购物中心运营非常重要。荟聚购物中心位于北京市南六环,南边的地租价格比北京其他区域的地租价格低，由于荟聚购物中心占地面积大，地租价格会更低。此外，欧美购物中心开发运营集团的国际知名度能够助推荟聚购物中心在大兴区顺利落地。

第三，消费者定位准确。低地租对于吸引商家入驻的店租定价有更大的空间。荟聚购物中心的面积很大，为了保证客流量，客户定位为占比绝对优势的大众消费者顺理成章。大众化的品牌业态是荟聚购物中心吸引消费者的主要因素之一。相对于近几年颇受购物中心欢迎的轻奢品牌，荟聚购物中心更愿意选择大众化的中端品牌。西红门荟聚购物中心的商家除了宜家家居，还包括欧尚超市、苏宁电器、金逸影院、迪卡侬等主力商家，门外的一大面入驻商家品牌 Logo 墙可以说是快时尚品牌的一次集体亮相，优衣库、Gap 等店一应俱全。餐饮品牌包括哈根达斯、星巴克、满记甜品、外婆家、西贝莜面村、小辉哥火锅、峨嵋酒家、小吊梨汤、金鼎轩、云海肴等耳熟能详且深受大众喜爱的品牌，其中不少品牌都是首次进驻北京南城。

第四，高品质的消费者消费体验。与其他购物中心充分利用每个角落的紧凑设计相比，荟聚购物中心在建筑空间上更倾向于提供通透的采光、宽敞的过道和流线型动线，还有能直接作用于消费者感受的开阔中庭、宽阔通道等。这些都是荟聚中心为了给消费者带来高品质的消费体验，不惜牺牲部分商业产值空间而设计的。虽然购物中心如同小型生活社区，走廊、天桥、过道和楼梯复杂得如同一个迷宫，但是随处都是清晰可见的路径指示标牌，让消费者能够很快找到自己想去的地方。为了提供充分的照明，购物中心的天顶是一个采光良好的玻璃罩，能够实现被动采光、节能降耗。

如果留心观察荟聚购物中心的细节，就能体会到设计者为了提升消费者体验的良苦用心。例如，随处可见的母婴室有不少贴心的小细节，如一排排儿童卫生间、温馨且能保护消费者隐私的母婴哺乳间；男、女卫生间旁都配备着独立的残障人士专用卫生间；垃圾桶简洁大方，其不锈钢材料便于打理，分类标识明显，数量较多且地点设置合理；购物中心整体色彩相对丰富，主力店等商家广告展位搭配艺术拼接造型，形成独具特色的广告美陈。荟聚购物中心还提出一项消费者关怀计划，“消费者眼睛看到的、鼻子闻到的、皮肤感受到的，包括呼吸的空气，荟聚购物中心运营团队都会持续做出改善”[①]。

第五，以知名品牌效应吸引客流。荟聚购物中心在建初期，宜家家居先于购物中心开业运营，成为北京区域内为数不多的几家宜家家居之一。得益于宜家家居的预热，一般购物中心吸引的是近程的客流，但宜家家居能吸引到远程的客流，当消费者来宜家家居之后就会发现旁边的购物中心，并且可能到里面逛一逛，这就为荟聚购物中心带来了客流。随后，宜家家居与荟聚购物中心实现了平面衔接，购物中心每一层都可以直接互通，宜家家居的部分商品也会在购物中心得到展示。据称，宜家家居每年可以为荟聚购物中心带来 500 万人次的客流量。同样，荟聚购物中心也为宜家家居送去了消费者。

第六，周边社区消费力优势。荟聚所在的西红门区域周围交通便利、道路开阔且住宅繁多，具有生活氛围；居民以年轻人为主，整体消费水平较高；北京南边的大型购物中心较少，大型购物中心缺口大。据统计，荟聚购物中心辐射到的人群有 1215 万人，2015

① 龚婉玲. 解码西红门荟聚：南五环的购物中心凭什么日均客流量近十万？赢商网，2018-07-31. http://news.winshang.com/html/064/3310.html.

年全年，荟聚购物中心就已达到 2000 万人次的客流量[①]。

第七，符合中国消费者逛购物中心的习惯。在西红门荟聚购物中心设计期，欧洲团队根据其经验判断，购物中心中有 8%～10%的餐饮商家就足够了。但中国团队在调查分析中国市场上购物中心业态布局以及中国消费者的习惯之后，认为至少 20%的餐饮比例才能满足需求，最后中国团队成功说服了欧洲团队提高餐饮商家的比例。当时在空间规划上也出现了地域及文化的差异。来自欧洲的设计和规划团队起初希望将北京荟聚设计成一个只有两层的购物中心。这虽然可以减少消费者在购物中心里往上走的阻力，但也意味着，每一层的面积将会接近 10 万平方米，在中国团队的经验判断中，这已经超出了中国消费者可以接受的空间尺度，经过沟通讨论，最后形成了如今荟聚购物中心的三层楼格局。

在运营策略上，很多商业综合体即使没有绑定宜家家居这个全球优质品牌，但也可以考虑在自身还没有知名度的时候，先依托大众消费者熟悉的品牌，将大众熟悉的品牌带来的客流量转化为自己的潜在客源。

超大型社区商业综合体的商业模式如图 4-2 所示。

图 4-2　超大型社区商业综合体的商业模式

① WIFIPIX. 北上广典型购物中心业态. WIFIPIX 线下大数据中心，2018.

4.3 稀缺营销：激活空间氛围的快闪店

如果你在逛街的时候，偶遇某个商业街道或综合体的闲置空间，搭起了一些“临时店铺”；这些店铺比小型摊位装修布置得更加精致，并有巧妙的商品陈列，那你很可能邂逅了一家“快闪店”。这些店铺并不会永远在那里，营业周期也许是一周，也许是几个月，之后这些店铺就会被拆除，迅速离开大家的生活。

快闪店并非近几年才兴起的商业模式，其经营策略与农夫集市、跳蚤市场、百货花车等类似。自从这种临时店铺与时尚、文创等新兴产业结合之后，快闪店便有了更时髦、更精致的玩法。1976年，英国时尚品牌 Paul Smith 在巴黎时装周期间租了一间饭店，将6件上衣、2件夹克和一些配饰搭在一起展示售卖，虽然只吸引了一位顾客，但是其背后的力量不可小觑。

2004 年，日本知名先锋派设计师川久保玲在德国柏林为其时尚品牌 CDMA Development Group（简称 CDG）开设了第一家快闪店 Guerrilla Store。她将 CDG 的新货和旧货搭配在一起销售，快闪店的选址也非常独特——包括肉店、书店、艺术家工作室等，还会限制顾客的每日购买量……虽然并非每家 CDG 快闪店都能够盈利，但是这样标新立异的做法，仍为 CDG 带来了 30%～40%的业绩增长。看到快闪店的营销效果后，川久保玲陆续在其他国家开展快闪店的尝试。CDG 快闪店不但为川久保玲的品牌经营解决了库存问题，而且让时尚零售业发现了一种集艺术、事件营销与大胆独特的另类格调相融合的售卖形式。

快闪店在我国起步较晚。根据睿意德发布的《中国快闪店研究报告》显示，2012 年后我国快闪店业态才明显增多，而且 27% 的快闪店是服装零售行业开设的[①]。在我国，开设快闪店的主要目的是品牌推广和销售。2015 年，我国快闪店进入快速发展期，平均每年复合增长率超过 100%。

近几年，国内涌现出一批优秀的快闪店，这些快闪店在标新立异、品牌效应及网红商品上均形成了话题效应。下面为大家列举四个具有代表性的快闪店案例。

案例 1：爱马仕丝巾洗涤店

2016 年 11 月，为了庆祝爱马仕丝巾进入市场 80 周年，爱马仕在京都的传统町屋里，开了一家专供爱马仕自家丝巾洗涤的快闪店，名叫 Hermes Matic。这家快闪店的装修色调使用了爱马仕的经典橙，店里有三台洗衣机，可以清洗、上色、烘干，完全不会损伤昂贵的丝巾。爱马仕鼓励大家到这家快闪洗衣店自助洗丝巾，洗一次要 48 小时，并且这家洗衣店的服务是免费的。

快闪店分为两层，一层空间里搭建了榫卯木构，让空旷的室内显得十分典雅，而且因为木头轻巧，展览结束后可以很快运走；二层为展览空间，主要展示一些日本艺术家的作品。与其说爱马仕开了一家专门洗涤爱马仕丝巾的快闪洗衣店，不如说开了一家快闪艺术中心，将日本传统建筑文化与奢侈时尚的陈列展示和商品融合在一起。

---

① 2017 中国快闪店研究报告. 睿意德，2018.

除了京都，爱马仕还在慕尼黑、阿姆斯特丹、巴塞尔斯特拉斯堡等地开设了快闪洗衣店，每家都设计精美、高贵典雅。

案例 2：minimore 冰激凌

minimore 是一个成立于 2015 年的线上家居品牌。2017 年 9 月，minimore 在上海复兴公园北门的 We+Lab 一楼开了一家冰激凌快闪店。

这是 minimore 首次在线下开设快闪店。在有限的商业空间探索更多的玩法是整个快闪店的主题。该快闪店分别按照品牌的主题色灰蓝和亮橙布置了两个空间。同时，用抱枕、冰箱贴、霓虹灯管等随处可见的品牌元素点缀了整个空间。其中，mini 的一边展示了家具的基本形态，主打简单、实用；more 的一边展示了家具的多种变化形态，经过结构重组、更换颜色展示了有趣的变化。

minimore 还与上海的网红冰激凌品牌 Bonus 达成合作，在现场搭建了一个冰激凌小车，并且为 minimore 特别推出两种定制口味的橙色、蓝色冰激凌。minimore 希望，这个为期一个月的快闪店，不仅能够吸引自家粉丝来看家具，还能够吸引那些想来尝尝 Bonus 定制口味冰激凌的人前来消费。

案例 3：广州地铁文化快闪店

2019 年 5 月，广州地铁公司联合文创公司乘果文创，以地铁符号结合粤式幽默短句为创意理念，立足于广州城市精神，打造了一个时尚性与实用性兼具的文创产品快闪店，以此展示地铁之于城市生活的人文关怀。

快闪店展销的系列文创产品以“粤地道，粤有态度”命名，寓意广州人务实、创新、包容、乐观的生活态度；而高饱和度的时尚配色象征年轻活力，代表在城市生活压力面前，广州人仍能保持积极、阳光、拼搏的心态。5 月 1 日至 5 月 27 日，地铁公司还与正佳广场 Hi 百货打造了“地铁文创潮流站”特色展览。此展览将地铁出行场景、粤语文化、跨界音频、视频创意等多维感受融为一体；8 个“粤趣”展区让人们充分领略广州城市的魅力。

此外，广州地铁携手玩具品牌乐高，打造限量版“地铁 1 号线”模型。该展览中展示的模型无论是积木构件选材还是拼装设计，都无可挑剔，实属匠心佳作。

案例 4：丧茶

从 2016 年夏季“葛优瘫”一图红遍大江南北，葛大爷就成了新一代“丧文化”的代言人。另外，马男“波杰克”“长腿咸鱼”“悲伤蛙”等表情包渐渐成为一个个文化符号。人们常用这些表情包配上类似“我几乎是个废人了”的文字，来嘲讽自己偶尔的无力。

于是，“丧茶”横空出世。2017 年 4 月 28 日，丧茶在上海以快闪店的形式正式亮相，该快闪店仅在 4 月 28 日至 5 月 1 日期间营业，是由饿了么和网易新闻共同策划的。

对于该快闪店售卖的丧茶，市场和顾客反响异常火爆——第一天就卖出了 1000 杯，第二天商家开始对售卖杯数进行限制。上午 11 点开始售卖，只供应 150 杯，下午供应 350 杯，下午 2 点左右就售卖光了，再想买就需要等到第二天重新排队。

丧茶官网上有一句话：“一家哭着做茶的丧茶店，干了这杯小确丧。”这家店要求员工在为顾客服务时“不能表现得很高兴”。丧茶店的吉祥物是一只生无可恋、无精打采的羊驼王三三。“加油，你是最胖的红茶拿铁”“你的人生就是个乌龙玛奇朵”“加班不止，加薪无望绿茶”等网络“毒鸡汤”成了丧茶的主打饮品的名字。

丧茶之所以经推出后十分受欢迎，是因为丧茶击中了当下年轻人的痛点。“丧文化”背后，更多的是年轻人宣泄负面情绪的一种形式。在这种情境下，“丧”不是“喜”的对立面，因为这种“丧”中有一种清醒、一种沉重的幽默。虽然明明知道生活不容易，但是依然笑着去面对。

快闪店带来的关注热度和火爆的市场反馈，让丧茶从快闪店升级为常规网红奶茶品牌，目前已经通过加盟的经营方式，进驻全国各个城市。

快闪店能够引爆事件营销、快速检测市场、快速展示策划设计的想象力，并且成本收益性价比高，可作为运营商激活商业氛围、快速检测新产品市场和品牌事件营销的一种有效手段。

【案例分析】

商家开设快闪店速度加快并非偶然，分析其原因，主要包括以下四个方面。

（1）快闪店提供了一种性价比相对较高的市场尝试店铺载体。新产品或新品牌投放市场初期，比起与商业综合体的运营商签订长期租约造成持续运营成本负担，快闪店租期较短、成本较低、因商品市场反馈不佳而产生的成本增加风险也较低。经过精心设计的快闪店比投放市场调研问卷或者仅在线上数据调研，更能真实反映顾客的市场反馈，可以作为商家的一种性价比高并能够实现商业模式最小可行性的店铺载体。同时，快闪店也让商家能够敏捷应对顾客碎片化的需求及更迅速的市场变化。

（2）快闪店给顾客带来的“惊喜”更利于商家品牌口碑的传播。快闪店作为一块“试验田”，商家可以对其注入各类大胆前卫、新鲜独特的元素。从店铺设计、商品陈列、商品设计制作，到购物体验及购物服务，快闪店与商家的常规店相比，显得更另类、更充满想象力、更能给人带来层出不穷的惊喜。一些商家别出心裁地与其他经营体进行跨界合作，推出限量款的商品，通过快闪店吸引顾客的眼球，出现“一货难求”的现象。这些积极的反馈使商家的信心大大增加了，也提升了顾客对商家品牌的忠诚度。

（3）快闪店是互联网网商线下获客的敏捷途径。随着电商的发展以及线上获客成本的增加，线上网商品牌可以通过快闪店的形式，快速渗透到线下零售网络。线上网商开设快闪店可以促进线下获客流量的转化，店铺内一般配有 5G、人脸识别、线上支付等科技手段。这些先进科技手段助力顾客通过快闪店体验到更便捷的购物方式，也增强了互联网网商与顾客线下的互动性。

（4）快闪店为顾客提供了垂直细分场景式消费体验。快闪店的店内空间一般不大，因此从成本和设计工作量方面考虑，快闪店更容易将日常生活中常见的一些场景通过某种特定的形式还原出来，可以让顾客快速被带入小型空间营造的消费场景中，并产生互动体验。这些消费场景的设计策略一般是：打感情牌、打“酷炫另类”设计牌、打“新奇特”新鲜牌。顾客走进快闪店中，仿佛进入一个生活体验馆，产生情感共鸣，并带着感触购买快闪店内的商品，进而对商家品牌产生好感。

商业空间运营商应如何玩转快闪店？快闪店在打造上需要遵循以下原则。

第一，商家推广的商品应该与快闪店的设计相匹配。快闪店虽然是商家的一块“试验田”，但是商家也需要考虑推广的商品是否与快闪店的设计相匹配。如果是跨界联合打造新商品，切忌为了博取顾客的眼球，生搬硬套地将两个完全不相关的品类机械地融合在一起，造成的不协调或者不搭的感觉反而会降低顾客对快闪店的认可度，也就无法达到推出快闪店的目标。

第二，快闪店提供的商品服务或场景应该是限时限量的。开设快闪店的目的是在短时间内运营一个最小可行性功能空间，内部的商品和设计都是商家的一种创新尝试。快闪店的功能是给顾客带来惊喜，因为“物以稀为贵”，新商品更利于提高顾客的新奇感、更利于检验顾客对新商品的市场反馈。

第三，应选择与目标顾客相契合的地点。快闪店虽不大，但是是一家新的店铺。店铺的地段对运营效果影响很大。为了在短时间内获取更多顾客，选择合适的陈列地点非常重要。很多商家选择把快闪店开在城市繁华的中心商业区，就是为了依托商业区密集的客流量来检验这个最小可行性功能空间的市场反馈。

第四，快闪店需要与网络营销同时开展推广工作。快闪店本身是小微商铺，如果不提前通过网络传播，在偌大的城市里很难被顾客知晓并关注。无人问津的快闪店带来的口碑和品牌传播影响力非常有限，也无法达到商家营销、顾客价值转化效果的最大化。商家需要在快闪店正式落地之前，利用互联网传播优势，吸引顾客关注，并清晰告知顾客快闪店的位置和新商品内容，确保快闪店在短短的营业周期内打响品牌知名度。

快闪店的运营模式如图 4-3 所示。

图 4-3　快闪店的运营模式

4.4　沉浸式娱乐：顾客与空间的交互体验

开始的时候，观众安静地坐在座位上，欣赏舞台上正在演出的戏剧，但不知不觉地，演员、布景和灯光照明都随着剧情的推进来到了观众身边，让观众仿佛成了剧中人。又或者，观众走入一个空间，周围都是激光照射投射的图像，让观众感觉仿佛一会儿置身于色彩缤纷的花园，一会儿又沉入湛蓝神秘的海底。这些都是线下沉浸式娱乐项目。

线下沉浸式娱乐是一种重体验、参与互动性强的线下娱乐形式。在享受线下沉浸式娱乐的过程中，观众调动了眼、耳、口、鼻等感官的全方位体验，与娱乐项目创造的环境、产品或服务产生互动，也变成了娱乐内容的一部分。

因为其互动体验的新奇、时尚、有趣，沉浸式娱乐吸引了大量观众参与其中，既优化了商业空间的氛围，又创造了一个美而精的内容收益来源。

线下沉浸式娱乐的表现媒介多样，包括舞蹈、多媒体、高科技装置等，通过这些表现媒介，只需要不大的空间，就能给观众带来极好的娱乐体验。

线下沉浸式娱乐的举办场地包括改造过的剧场、商业综合体、旧厂房、仓库、景区等，在空间内通过巧妙设计，注入沉浸式娱乐内容，为这些空间创造新的收入。

线下沉浸式娱乐为何如此受欢迎呢？

线下沉浸式娱乐满足了追求年轻化、国际化、有趣、高颜值的中国文创消费者的需求，还成功吸引了追求消费升级和品质生活的中产阶级消费者。在线下沉浸式娱乐中，消费者会不自觉地融入到娱乐项目的内容中，成为娱乐内容的一部分。同时，消费者是有主观能动性的个体，可以自主选择、主动探索和体验娱乐内容的变化，此种沉浸式娱乐方式满足了消费者表达自我及探索环境的天性和需求。因此，线下沉浸式娱乐的推出，既给消费者带来耳目一新的感觉，也激发了消费者花钱体验的欲望，一些项目内容甚至变成了“网红”，让消费者趋之若鹜，场场火爆。

线下沉浸式娱乐大概分为两类：一类是主打剧情的场景体验，主要产品是沉浸式戏剧或表演，主要用于景区和游乐园；另一类注重应用科技手段（如激光投影等）来为消费者创造“新奇炫”的场景体验。

下面为大家列举几个线下沉浸式娱乐的典型案例。

案例 1：沉浸式游乐园——迪士尼

迪士尼乐园可以说是线下沉浸式娱乐项目的“老祖”。1955 年，第一家迪士尼乐园开业，“米老鼠之父”希望让游客进入真实的动画世界中，于是创造性地用密闭空间全方位布景，在融合迪士尼影视内容 IP 的基础上，打造出一个个沉浸式娱乐项目。如今的迪士尼乐园利用激光全息投影等高科技手段，让沉浸式的场景更真实，声光电影互动更加丰富。在美国奥兰多迪士尼，“潘多拉：阿凡达世界”沉浸式娱乐乐园的造价高达 5 亿美元，是奥兰多迪士尼 10 多年来最大规模的扩建。历经 6 年的工程建设，2017 年 5 月 27 日，阿凡达世界乐园正式对外开放。如果大家光顾过上海迪士尼乐园，坐着有轨小车体验过上海迪士尼加勒比海盗探险和小熊维尼历险记等沉浸式娱乐项目，就一定会体会到迪士尼乐园线下沉浸式娱乐项目带来的那种难以忘怀的欢乐。

案例 2：沉浸式舞台戏剧——《Sleep No More》

《Sleep No More》是由成立于 2000 年的英国剧团 Punchdrunk 根据《麦克白》的内容创作的。依托于《麦克白》这个 IP，该舞台戏剧依然是关于权力、欲望及妒忌交错的悲剧。这部舞台戏剧在沉浸式舞台布景的设计上，无疑是沉浸式戏剧的代表。整个 9300 多平方米的舞台有 5 层楼的宽阔空间，近百个房间和场景。大到每一个场景，小到每一件道具，都经得起近距离触摸和鉴赏。据称，全剧制作之初由200多名志愿者花费了近4个月时间布置。观众从休息酒吧进入演出区域，被工作人员分别带入不同楼层的不同场景中。整个剧情的十多条故事线在这些场景中同时发生着，观众可以自己选择喜欢的角色并跟随演员进入剧中。也许观众会惊讶地问，花费800多元的昂贵票价只能看到剧情的一部分吗？再者，舞台是五层楼，让观众看完一幕后再爬上爬下去看其他剧情也是十分困难的。实际上，整个故事会在不同的空间上演三遍，观众不用担心由于更换位置而错过重要剧情。同时，观众还能有剩余时间探索麦克白的剧中世界，跑到舞台中的道具糖果屋里“偷吃”摆在屋内篮子上面的真正免费食用的糖果！每场350人次，经久不衰，场场爆满，在中国北京、上海等城市也有巡回演出。

案例3：沉浸式高科技线下娱乐项目——TeamLab

TeamLab是一个来自日本的跨领域技术团队，专门研发融合科技与艺术的多媒体互动艺术项目，致力于创造可以沉浸式体验的艺术世界。TeamLab曾在巴黎、伦敦、洛杉矶、东京等地举行巡展；在中国，TeamLab已在北京、深圳办过展。在国内单个城市展期内，项目接待参观人次为30万～50万，客单价约为150元，收入为6000万左右，净利润为3000万左右①。

2001年，猪子寿之刚从东京大学毕业并成为研究生时创办了TeamLab。2011年，TeamLab为日本偶像团体岚制作演唱会交互视频，在网络上引起了轰动。从那时起，TeamLab才开始真正进入大众的视线，并获得资金在商业领域做更大型的创作和展览。从最初

① 从TeamLab看沉浸娱乐行业发展趋势. 长江证券，2018.

的 5 个人发展为如今的 500 多人，TeamLab 已经成为一个拥有多个成功代表作的沉浸式项目制作公司。Teamlab 曾获得亚洲最具影响力设计奖科技奖，其项目连续两年被意大利知名设计网站 Designboom 评为全球十大必看展览之一。

Teamlab 的作品以声音、光线、虚拟现实、增强现实、视频、数字序列等技术手段共同打造“黑科技”般的梦幻空间，把艺术、科技、生活、互动、对自然的理解和娱乐融合在一起，让观众体会到沉浸式艺术的亲和力。观众可以通过互动，与蝴蝶、花海及光影虚拟空间等艺术环境融为一体，激发了内心探索互动的欲望，享受到前所未有的体验。

案例 4：沉浸式体验餐厅——上海“紫外光”感官餐厅

这家“紫外光”餐厅很神秘，没有固定的地址，不能私自前往。顾客在指定的地点统一集合后，餐厅会派车将顾客送到用餐地点，并且一天只接待 10 名顾客。顾客不能自主点餐，菜单由餐厅决定，还要提前 3 个月预订才排得上号。另外，只能通过餐厅官网预订，没有其他渠道；每人用餐费用为 3000 元，且预订当天需支付定金 1000 元，之后是漫长的三个月等待。这么神秘的餐厅，在 2013 年、2014 年连续两年获得亚洲最佳 TOP50 餐厅称号。

这家如此前卫的餐厅，是由居住在上海的法国名厨 Paul Pairet 于 2012 年创办的。顾客成功预订后，用餐当晚需要在事前约定的上车地点等着，一辆专用的商务车将接送顾客前往餐厅。只能由专车接送，不接受直接前往，因为餐厅公布的具体地址是：上海的某个地方。

待所有顾客坐下后，餐厅的主人便离开了，餐厅的灯光开始渐渐变暗。然后，让所有顾客大开眼界的一刻到了——四面墙上的大屏幕突然亮起，顾客会感觉整个房间在迅速下沉（其实是巨大投影给人的错觉）。接着，7 台投影设备在四面白墙配合着每道菜投射出匹配的景色，营造出一种身临其境的意境。例如，在上主菜“海水浸龙虾”的时候，顾客被镜头带到了海边，被海浪环绕着，伴随着海鸥的叫声，晚宴的主人捧着带有海水的咸味儿的炊具在房间踱步。这种独特的用餐体验，让顾客在享受高级西式料理的同时，吃出了“人与世界如何和谐共处”的哲学思考。

线下沉浸式娱乐升华了顾客与商业空间的互动，随着各种科技手段的普及和应用，线下沉浸式娱乐将会成为商业空间为消费者营造体验的可行性手段。

【案例分析】

在商业空间中运用沉浸式体验设计的目的是让人在当前展示的内容下感到放松和满足，以专注地投入沉浸式体验内容中。对沉浸式娱乐项目运营商来说，项目营收主要来源于以下三个方面。

（1）**娱乐项目票房收入**。票房收入是沉浸式娱乐项目的主要收入来源，这部分收入占总收入的 70%以上。

（2）**衍生品及广告收入**。这部分收入包括饰品、纪念册、照片、互动游戏等衍生品销售收入，以及其他品牌的赞助和广告收入，这部分收入约占总收入的 20%。

（3）**配套餐饮、服装道具租赁收入**。这部分收入比较少，占总收入的 10%以下。为了保证客流量，沉浸式娱乐项目的运营商会与企业、学校等 B 端客户合作，推广打折门票。

线下沉浸式娱乐项目，尤其是通过科技手段打造的沉浸式娱乐项目，在提升商业空间的环境氛围及吸引人气方面会有一定的帮助。而线下沉浸式娱乐项目前期的投入较高、对互动设计创意质量要求高、消费者对娱乐项目品牌认可度高等运营特性，也是运营商需要考虑的问题。此外，沉浸式戏剧、文旅景区等场景品牌 IP 对场地、演职人员、故事呈现要求比较高，由于对演职人员和场地的定制化要求比较高，难以大规模复制，这就意味着线下沉浸式娱乐项目的设计和制作成本是比较高的。

企业可以从以下三个方面来保障线下沉浸式娱乐项目实现盈利目标。

（1）内容 IP。线下沉浸式娱乐的本质依然是内容，拥有一个好的 IP 是沉浸式娱乐项目成功的关键。好的 IP 既可以通过采购或者与现有知名 IP 进行商业合作获得，也可以企业自主研发和培育。

（2）内容原创团队。内容原创团队是线下沉浸式娱乐项目创新的本质。与表演或设计艺术团队不同的是，线下沉浸式娱乐项目内容原创团队不仅需要艺术家，还需要建筑师、3D 建模师、CG 动画设计师、数学家、体验设计专业人士等。沉浸式娱乐内容需要持续更新迭代，丰富内涵，加强互动，以持续吸引更多消费者。

（3）空间塑造与规划。线下沉浸式娱乐项目需要合理选择空间载体，选择景区、游乐场、酒店、剧院等应用场景，项目落地前还需要进行合理长线规划，包括考察空间周围的客流量、交通情况、空间内部装修等是否能够给消费者营造沉浸式体验。

沉浸式娱乐项目的商业模式如图 4-4 所示。

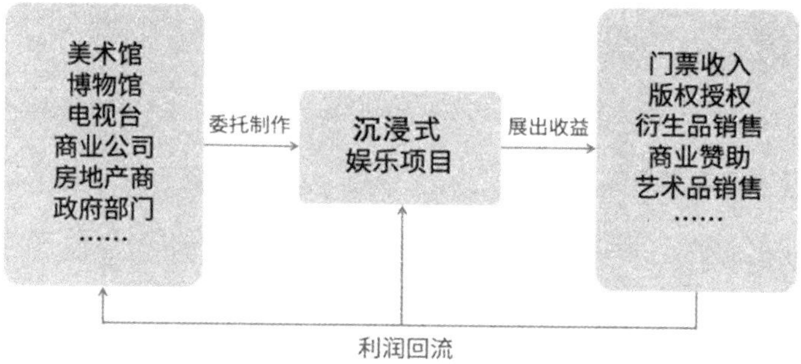

图 4-4 沉浸式娱乐项目的商业模式

4.5 极简主义：商业空间设计新流行

近年来，被称为“极简主义”的造型风格凭借着网络社交自媒体的力量，在空间、时尚、设计等领域全面普及，在全球形成了“病毒性”传播，成为被年轻人广泛追捧的流行元素与文化现象。

下面我们来聊一聊“极简主义”风格的空间设计及其对企业的获客价值。

如今的“极简主义”风格空间设计并非设计师凭空创造出来的，早在 100 年前，就诞生了“极简主义”风格设计老祖——包豪斯（Bauhaus）。1919 年，德国建筑师瓦尔特·格罗皮乌斯与一批杰出的艺术家和设计师创立了一所集建筑、设计、手工艺、绘画、雕刻等于一体的包豪斯设计学院，其名字本义是“House of building”。经过百年演变，曾经被视为“后现代主义”风格的钢框架结构和玻璃建筑的包豪斯理念，似乎已变得“习以为常”，但在现代工业设计领域中，包豪斯的思想和美学趣味，影响了数代人。如今，提到“包豪斯”风格，其艺术设计特点已更多被引申为：形式跟随功能、去除干扰和装饰、实用、唯美、极简、功能化等。

空间的“极简主义”设计风格以简单到极致为追求，用简单的线条进行创作，形式能简化就简化，不会出现任何哗众取宠的设计；更强调事物质朴的内在，并且能够经得起时间的洗礼。极简空间设计风格的关键词包括：轻薄、宁静、专注、极简、朴素、高冷、留白等。

说到极简主义风格空间，不得不提将“极简主义”风格贯彻到底的日本知名杂货品牌无印良品。日本设计大师原研哉从 2002 年开始，成为无印良品顾问委员会的成员，并从田中一光手中接下了艺术总监的职位，成为带领无印良品进军全球的重要人物。在《设计中的设计》一书中，原研哉揭示了这样的商业理解：日本已经历过高涨经济的熙熙攘攘，其发展正在进入经济与文化的双重成熟阶段。原研哉在书里介绍，无印良品的理念就是要体现日常生活的“基本性”和“普遍性”[①]。

无印良品系列广告《空》的画面极其简洁。广告画面没有任何干扰，就是这样一个画面容器，把所有人、所有对品牌的想法都吸纳进来，体现着一种“大象无形”的追求。

进入无印良品店铺，感觉是迈进了极简主义风格的乐园，无论是空间，还是丰富多样的产品，各种原色、直线条、棉麻，给消费

① 原研哉. 设计中的设计. 山东人民出版社，2006.

者展示了一种简单、质朴、自然、全新的生活理念和生活方式。虽然不是极致的极简主义风，但它胜在整体风格的统一性和延续性。日式美学的一种核心理念是 wabi-sabi，写成中文是“侘寂”，最贴合“侘寂”的场景是京都常见的小而美的日式庭院，寂寥悠远。禅意，是无印良品区别于其他生活品牌的重要特点之一。作为一代设计大师，无印良品的设计师原研哉追求设计日常化、虚空、白，崇尚万物都有灵性。

从一种具体的视觉延展到一种抽象的感觉，这其实是一种通感。由棉布长裙联想到极简主义，跟认为女性穿上高跟鞋很性感的道理一样。重点在于，这种特意模糊性别感的极简主义风竟然在各行各业都保持领先优势。大家都觉得用极简主义品牌是安全的，它能给人高级的感觉，因为敢于让自身变得极简的品牌本身就很高级，不然怎么能有自信在市场中将极简的一面展示给消费者呢？

在室内设计中，“极简主义”风格更倾向于工业风。厦门某个“极简主义”风格酒店的建筑就像由一个个白色、木色的盒子拼凑而成，建筑间既相互独立又有所关联；酒店内部主要使用了白色、木色、黑色和灰色，在简单的色彩构建下，增加了别致的设计元素，使极简的空间构成更具有设计感；酒店内部还有雨井、树井和风井，试图通过这些装置模糊公共空间和私人空间的界限，传达空间的永恒流动性；客房里同样贯彻了极简主义风，纯白色的墙、桌子、床单，浴室用混色混凝土营造了强烈的工业感。

重庆网红店 Coffeeholic 坐落在鹅岭的二厂文创园，有着得天独厚的环境优势。店铺整体装修以白色为主调，给人留下了极大的想象和发挥空间，虽然是冷色调的风格，因为有木质感的装潢和绿植点缀，这里显得生机盎然。光线从大块的玻璃窗直射到店内，干净而通透，桌面上的食物和店里的人都笼罩着一层梦幻的气息。清新自然的环境让人感觉舒适自在，是一个歇息的好去处。

2019 年，火爆全球的网红咖啡店%Arabica 进驻北京，选址在三里屯。这家发源于中国香港，崛起于日本京都的咖啡店，门店遍布世界各地。%Arabica 的设计正符合创办者想表达的理念：追求简单和实事求是的理想生活。门店都以白色为基调，各地店面在设计风格上一脉相承，偌大的落地窗、纯白与木质的设计空间，让人一进门就立刻沉浸在这种简约、淳朴却又格外休闲、居家的氛围中。%Arabica 门店设计师认为，白色给人安静、干净的印象。

位于中央公园和中国上海新城嘉定边缘之间的东方书店展示了一个非常独特的设计。风景园林办公室设想了一个文化休闲场所，融合了不同寻常的建筑元素，定义了项目的个性。设计团队精心构思了书店的整体环境，将室内空间和外部空间融合在一起，引导人们阅读和放松。

有一座图书馆，地处海岸线，与大海为邻，似乎与世隔绝，所以被称为“最孤独的图书馆”。这座图书馆位于阿那亚社区内的海滩上，全名叫三联书店海边公益图书馆。图书馆为极简主义风格灰色长方形建筑，共有 2 层楼。里面的座位呈阶梯式，能保证不遮拦到彼此的视线。面向大海，有很大的玻璃窗户和敞开式大门，人们可以坐在里面看看海、吹吹风。一层窗边靠近海的位置有舒适的躺椅，不过要小心海风把细沙吹到眼睛里；二层有一个冥想空间，走进里面就像是与外界隔绝一样，很适合放空自己。

极简主义风格的空间，会给空间租金利润带来多大影响？其实，影响并不大。

以北京MUJI酒店为例。MUJI在北京天安门广场西南侧的北京坊建了中国第二家MUJI酒店，风格依然是MUJI极简主义风。北京MUJI酒店所处的北京坊，整体呈现为“一主街、三广场、多胡同”的空间格局，品牌定位为“中国式生活体验区”，而“酒店+餐厅+零售店铺”模式的北京MUJI酒店之所以在此落脚，就是因为看准了北京坊的客流量。

MUJI这款浓浓极简风格的酒店会给MUJI带来利润吗？MUJI建酒店对公司而言更多的是一种品牌传播策略，无法实现盈利。据调研，北京MUJI酒店拥有6种房型，共计42间客房，每间客房的价格为500～3000元。其中，A房型550元，共3间；B房型700元，共17间；C房型900元，共5间；D房型1300元，共3间；E房型1600元，共13间；F房型3000元，仅1间。如果按照100%入住率，且一年365天计算，一年客房收入约为1600万元。此外，就餐厅而言，按照70个座位、人均消费150元、上座率100%来计算，一年大概流水可以达到几百万元。综合上述可得，该酒店年收入约为2000万元，不过这是在保证每天满房的情况下。目前，北京坊店铺的租金每天约为20元/平方米，北京MUJI酒店的面积大约为4000平方米。按此方法粗略计算，不包含酒店运营的耗材、人工成本等，仅北京MUJI酒店的年租金就高达2900万元。这意味着北京MUJI酒店的收入恐难覆盖整体支出。

【案例分析】

极简主义风格在商业空间中能够被人接受，是因为这种风格去掉了不必要的装饰，追求纯粹，可以将商品很好地呈现出来。极简主义风格代表着极简与克制，是去繁求简的高级智慧；设计简洁、高冷文艺、自然质朴，这都是极简主义的典型特征。极简主义风格大多以中性色调或冷色调来呈现效果，常见的为黑白灰搭配；极简主义风格强调舍去复杂的造型装饰及物品，追求极致简约的效果呈现。

商业空间要打造“极简主义”风格，可以从以下四个设计内容入手。

（1）**沉浸式装置**。沉浸式装置与建筑风格的设计能够全面强化消费者视觉感官，增强店内体验感，还可以实现有效划分空间功能和打造多层次照明的效果。被安放在店内的装置不仅能够吸引消费者的目光，还可以激发他们的探索感。内部结构能够为消费者在这大型空间中提供休息停留的区域，并呈现出独特、具有创意的营销方案。

（2）**机械陈列装置**。随着破坏性展示手法被陈列设计师们在店铺商品陈列工作中的应用，极简的美学理念被消费者广泛接受并认同，陈列架演变采用精致且近乎冷淡风格的外观，并搭配上灵活的设计元素或机能感十足的机械装置。

（3）**空灵照明**。沉浸在亮色光线中的店铺能够营造出一种空灵的意境，这不仅有助于让消费者感到平静，还可以唤起他们的购物欲望。这样柔和的光线可以营造一种科技感，在模糊互联网与实体店的感官体验界限的同时，让线下购物体验变得更加流畅。

（4）高光镜面。高光镜面是未来几年内都不会过时的设计趋势元素，当消费者在店铺空间中移动时，反光表面（如镜面、抛光不锈钢等）可以打造出不断变换的光学效果。陈列架、灯光以及营销方案中具有节奏感的重复设计都可以通过表面产生共鸣，对空间进行进一步剖析。

空间的极简主义设计风格对大型空间是否盈利影响不大。空间是否盈利，还与空间的地租成本、运营成本及营业收益息息相关。然而，一些小而美的精品空间，尤其是自身商品竞争门槛较低的空间，如咖啡厅、饮料商店、艺术品商店等，可以考虑加强空间风格设计以优化客户体验，目标是吸引潜在客户；一些走文艺路线的社交空间，可以借助极简主义风格来突出自己的特点、提高自己的档次，独树一帜，以此吸引潜在客户。但是，如果客户只点一杯饮品，坐着拍照或读书度过一天，则对店面的翻台率和营收利润都没有太大帮助，空间运营商还需要思考别的办法，提升那些被吸引进店“打卡”客户的单次消费额。

商业空间设计可以视为处理空间、人与商品之间的关系。合理的商业空间设计是对空间的包装和艺术化处理，把握消费者的心理需求，引导消费者购买行为，增强消费体验，从而提高产品的销售量和商家的经济营收。

极简主义商业空间运营模式如图 4-5 所示。

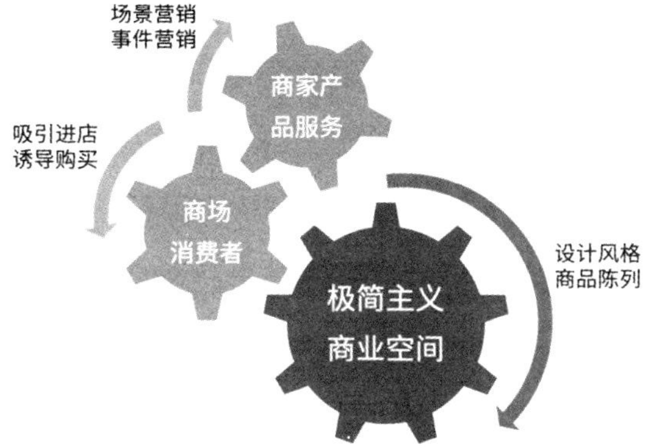

图 4-5　极简主义商业空间运营模式

4.6　内涵丰富：汽车文化体验空间

汽车文化体验空间是近几年出现的新型汽车品牌实体商业空间。除了销售汽车，汽车文化体验空间更像一个供客户休闲娱乐的好去处。在汽车文化体验空间内，客户可以享有舒适的室内环境，也可以利用里面的会议室和咖啡厅谈公务、喝咖啡，甚至可以光顾空间里开设的米其林餐厅，享受美食。客户开始会误认为这是一个汽车 4S 体验店，进去之后，才发现内涵这么丰富，给客户带来的惊喜和新鲜感是显而易见的。下面为大家介绍一些颜值和功能都非常受客户欢迎的汽车文化体验空间。

梅赛德斯-奔驰

“未来的 4S 店将是一个社区中心。”北京梅赛德斯-奔驰销售服务有限公司高级执行副总裁李宏鹏曾在 2015 年 9 月初透露。2016 年，奔驰品牌体验中心在三里屯开业，该体验中心拥有奔驰餐厅、酒吧、生活馆等休闲内容，并被打造成奔驰迷聚会社交的乐园。早在 2006 年，大众就将体验场景营销带入了中国。2016 年 12 月，大众首家汽车品牌体验中心在广州挂牌成立，开始了中国汽车产业的体验营销“试水”。空间引入了“品牌体验”的概念，采用集产品展示、体验、交易、服务、客户关怀和文化休闲于一体的新消费模式，把汽车消费的范围延伸到休闲购物、汽车文化体验等领域，将“体验营销”的新模式引入“千人一面”的汽车消费市场。梅赛德斯-奔驰体验中心则被打造成了一个“多功能活动空间”。白天，体验中心提供就餐和咖啡服务；夜晚，体验中心则成了“夜市”和酒吧。据一位车友介绍，他经常和其他车友在体验中心里一边喝咖啡一边谈汽车，这种模式受到越来越多汽车爱好者的青睐。

雷克萨斯

雷克萨斯国际于2013年8月30日在东京青山区开设了首家雷克萨斯品牌体验空间。与经销商店、传统展厅不同，客户在此不仅可以通过设计、艺术、时尚、文化、电影、音乐、科技等多个角度与雷克萨斯产品产生共鸣，还可以与不同人群相互交流，体会其中的独特魅力。在空间里，雷克萨斯携手来自挪威的咖啡厅 Fuglen，秉承以咖啡吧呈现“优质之选”的概念，将品味一杯咖啡化为一场纯正的文化及生活方式的体验。空间内的餐厅主打高端日式料理，由享有盛名的料理总监 Daichi Tajima 主理，致力于营造轻松而又极具格调的用餐氛围，让客户在这里品尝纯正的日本美食。车房画廊是集艺术画廊和世外桃源于一体的展览空间。借由一系列的展出内容和设施设计，传递了雷克萨斯的汽车文化及倡导的生活方式。

此外，雷克萨斯体验空间内还售卖与雷克萨斯理念相同的品牌为雷克萨斯体验空间定制的生活用品，并且这些产品仅在东京雷克萨斯品牌体验空间出售。

保时捷

2018 年 4 月 26 日，上海保时捷体验中心正式投入使用。占地面积超过 100 000 平方米的体验中心位于上海国际赛车场旁，走进体验中心大楼，迎面就是车辆展示区，由保时捷 911 GT3RS 和 918 Spyder 等性能车坐镇。在展示区的左右两侧，分别是保时捷精品和 Porsche Café，客户可在这里小憩或挑选心仪的保时捷周边产品。二楼最具特色的是以“费利·保时捷”命名的董事会会议室，最多可容纳 16 人，其中每个转椅都由和 911 跑车同款的运动座椅“改装”而来。除“费利·保时捷”外，还有费迪南德·保时捷会议室，该会议室是整个体验中心中最大的会议室，最多可容纳 120 人。此外，这里还有一个可供 6 人左右使用的小型会议室。凭借着二楼各会议室及餐厅空间的灵活多变，体验中心可以承办多达 300 人的大型活动。除了会议室，二楼还有一个特殊的空间，是为大家了解保时捷品牌的成立与发展而专门设立的。同样位于二楼的餐厅，可提供西餐或中餐来满足不同客户的口味，该餐厅亦可承办团体或个人宴会。在餐厅外还有一个露台，客户可在享用美食的同时俯瞰整个室外体验场地。

现代汽车

现代汽车不断增设品牌体验空间，加快体验营销的脚步。截至 2017 年 11 月，现代汽车共运营有韩国国内四家，国外两家品牌体验空间。从江南的首尔市现代汽车品牌体验空间开始，陆续成立了三成洞 COEX 现代汽车数字品牌体验空间、河南 Starfield 现代汽车品牌体验空间、一山的高阳市现代汽车品牌体验空间等。在海外，继俄罗斯的莫斯科市现代汽车品牌体验空间，2017 年 11 月 1 日成立了中国北京市现代汽车品牌体验空间。

此外，现代汽车在韩国开设的品牌体验空间内设计了气囊体验区，客户可以亲自去触摸，能激发客户的好奇心，是小朋友们值得一去的地方。设计区的“情感动态秀”也是人气爆棚。1411 个铝质动感柱子随着视频和音乐上下运动，模拟汽车行驶场景。乘坐体验区是 4D 世界汽车拉力锦标赛（WRC）体验空间，在这里，客户只要可以戴上 4D 眼镜，就仿佛亲临拉力比赛现场。韩国首尔的现代汽车品牌体验空间内还设有书斋、咖啡馆和儿童休息室，能够满足客户的各种需求。

2017 年 6 月，现代汽车集团旗下的起亚汽车在清潭洞开设了第一家品牌体验空间“BEAT 360”。“BEAT 360”作为起亚汽车首个品牌体验空间，以共鸣、参与和沟通为基础，是为了让客户自然地感受起亚汽车品牌情怀而建的空间。这里设有户外休息空间——“大本营区”，主要用于展示户外活动用品及汽车通用用品，客户可以在休息的同时，欣赏及购买种类丰富的产品。此外，这里还设有体验户外高尔夫的高尔夫球区，适合以家庭为单位的客户来访。“BEAT 360”咖啡馆是客户可直接参与的创造文化艺术交流平台，这里有旅行课、茶道课、冲浪课、深夜书房、音乐会等文化项目。体验空间每个月举办 1～2 次活动，并且想参加的顾客都可以免费申请。咖啡馆另一侧的工作室是新晋艺术家与起亚汽车设计师的合作作品展览区。起亚汽车为新晋艺术家提供了展示作品的机会，还将持续开展尝试激发客户灵感的多样化活动。

蔚来汽车

蔚来位于北京的体验中心 NIO House 身处核心区的东长安街东方广场。这座用户体验中心分为上下两层，下层是蔚来汽车的产品展示空间，上层是“属于蔚来用户和他的朋友们的生活空间”，这一层是蔚来用户（目前指已缴纳 5000 元意向金的准蔚来车主）的专属“领地”。上层空间平日只对蔚来车主开放，分为 Forum、Library、Lab、Open Kitchen、Living Room、Joy Camp 六个区域。蔚来的车主不仅可以在这里阅读、喝咖啡、办公、进行亲子互动，还能提前预约独立的房间。如果你想和工作伙伴开会，这里还会提供单独的会议室。此外，儿童游乐场的设施齐全，绝对是周末遛娃的好地方。

前途汽车

2018 年，前途汽车首家体验店正式落户北京三里屯核心区。该体验店取名为“前途 • 驿”，店内布局温馨时尚，充满宁静而闲适的轻松氛围。前途汽车董事长陆群先生表示，前途汽车体验店名字中之所以带一个“驿”字，就是为了给用户营造轻松、安宁、闲适的体验氛围，这里不仅是一个“购车”场所，更是用户感受轻松美好生活的休闲场所。4 月 25 日，“前途 • 驿”正式对公众开放。除了展示前途汽车最新产品，“前途 • 驿”会员活动区还提供电动车文化展示、艺术策展、主题书店、咖啡吧和多功能活动空间等功能。“前途·驿”不仅是前途汽车品牌和产品的展示空间，更是为用户带来融汽车、思想、文化、社交为一体的“智趣思享空间”。

奇点汽车

2018 年 1 月 25 日，奇点汽车位于北京三里屯嘉铭中心一层的全国首家体验厅举行开业活动，以“智趣空间”为理念，以“奇点星球”为主题，奇点汽车体验厅力图打造集车辆、智能、技术、社交、娱乐于一体的城市年轻生活空间，成为与年轻人生活娱乐密不可分的一部分。同时，奇点汽车还发布了以“智趣空间、无忧专属服务、轻松拥有”三大价值为核心的“奇·乐无穷”新零售体系。

奇点汽车体验厅利用人工智能机器人、虚拟现实、增强现实等智能化手段，引导用户沉浸式体验产品及智能出行生活，并在过程中收集信息以提供更为个性化的服务，为用户带来前所未有的互动体验。其中，机器人入驻体验店、机器人导购、机器人服务、机器人和车之间的互动，均为用户带来与众不同的愉悦体验。奇点汽车还将体验厅打造为品牌和用户共同成长的基地，融合 O2O 渠道，搭建与用户之间深度互动的平台。线下空间定期举办跨界活动、行业论坛、大咖见面会，并利用 App、微社群打造虚拟第四空间，组织粉丝相互交流，并通过丰富的积分成长计划，鼓励用户成为奇点汽车品牌大使，为品牌和自己的生活态度发声。

看到已有的汽车文化体验空间提升了汽车线下展示销售店对客户产生的吸引力，大小车企、传统和互联网车企都纷纷投入重金跃跃欲试。

【案例分析】

汽车产品线下营销从原来的 4S 店，逐渐创新升级到现在的汽车文化体验空间，主要有以下三个原因。

原因一：汽车产品营销方式的创新改变

随着汽车的日益普及和人们生活水平的提升，消费者能够选择的汽车品牌种类越来越多。一方面，一些互联网造车公司的进入，使得汽车市场面临的营销竞争变得更多元化。另一方面，各汽车品牌利用已有的传播渠道推广产生的品牌传播效果有限，这些推广渠道包括传统电视媒体、互联网媒体、微信公众号等，其放送的内容如果不能引起消费者的新奇感或增强消费者的体验感，就无法说服消费者掏钱购买。之前的汽车售卖过程，常常先用各类广告吸引消费者关注品牌，然后驱使消费者去汽车线下 4S 店体验，这种方式获客的转化效率已有所下降。营销创新的一个方法，是将媒体吸引与 4S 店体验融合为一个环节，在线下打造类似休闲社交甚至商业综合体的体验空间。这些空间本身可作为一个事件营销的同时，能够营造消费者体验场景，激发消费者通过在空间内体验别的有趣、有卖点、令人感到轻松舒适的生活休闲内容，增加对汽车品牌的亲近感，进而认同汽车产品本身。体验式营销简单来说就是让消费者亲自参与体验，在购买时感受产品的性能、品牌和企业产品蕴含的文化。这也是汽车文化体验空间能够给汽车消费者带来的高附加值。

原因二：购物中心的业态变化

伴随着城市趋于“社区化”发展，许多商品消费场景都发生在一站式购物综合体中。购物、吃饭、看电影、唱歌、运动，乃至美发等，都可以在购物综合体内完成。购物综合体不断打破场内和场外的边界，进入购物综合体，仿佛进入一个迷你社区，能够解决人们的大量生活消费需求。汽车体验中心也已经走向综合功能商业体验空间，尽量满足消费者的购物、吃饭、娱乐需求，用各种方法让消费者多在体验中心内停留一会儿。吃喝玩乐等生活需求是消费者的基本需求，而之前的汽车 4S 店的功能比较单一。汽车文化体验空间用消费者熟悉的生活基本需求内容，拉近了消费者与汽车品牌的距离，不愧是一种优秀的“醉翁之意不在酒”的营销策略。

原因三：多功能的汽车体验中心与附加产品和服务能够更好地跨界合作

如果将一个汽车 4S 店融入到购物综合体里，给人的感觉可能有点不协调。因为同样的商场空间环境中，两个空间的功能和装修风格差异很大。购物空间追求的是消费者进入舒适亲切的环境中，并激发消费者的购买欲望，而汽车 4S 店常常以展示品牌和产品的高端、前卫、典雅等风格为主。同时，汽车 4S 店的功能较单一，如供客户预定车和提车，有的附加汽车保养服务，与除汽车之外的其他产品和服务没有太多结合点。

如今的多功能汽车体验中心，已经将汽车展示店升级为城市休闲社交空间，其在空间的功能定位上延展了不少。原来仅用来展示汽车产品的空间成了更多可能性内容的载体，这些内容包括文创、餐饮、社交、购物、电玩、科技、教育培训、沙龙会议等，将空间能够产生的整体价值发挥到了极致。汽车体验空间的功能多了，与其他产品和服务的结合点就多了，也可能带来新的营收。与之前花大价钱租下来的豪华地段的 4S 店相比，现在依然需要投入很多建设资金，但是可能会产生附加的体验和营收，并因饮食、娱乐及休闲内容产生的效益可预期，汽车经销商在评估成本和收益之后，会趋向于建设更多的具有复合功能、延展性强的汽车品牌文化体验空间。

现在，越来越多的汽车文化体验空间出现在城市的核心商圈中，其空间内容策划通常是“汽车展示区+咖啡店+精品饭店+室内书店+会议室”的配置。这些空间使客户在进店了解汽车企业和产品的过程体验上得到了提升；同时，汽车文化体验空间也让客户对汽车企业的发展历史及企业文化增加了了解，情感上得到升华。但汽车文化体验空间的内容，不是简单地将文化娱乐休闲内容进行机械式相加。如果不同车企文化体验空间内的同质化内容太多，“带货”竞争也会比汽车 4S 店时期更激烈，并且商家经营一个多功能文化体验空间需要比经营一家 4S 店投入更多的资金、空间和人力。

车企打造汽车文化体验空间，要想实现品牌展示和事件营销的“带货”效果，还得靠团队的创新场景打造能力，以及在这个空间内的差异化的精细客户服务设计。

汽车文化体验空间的商业模式如图 4-6 所示。

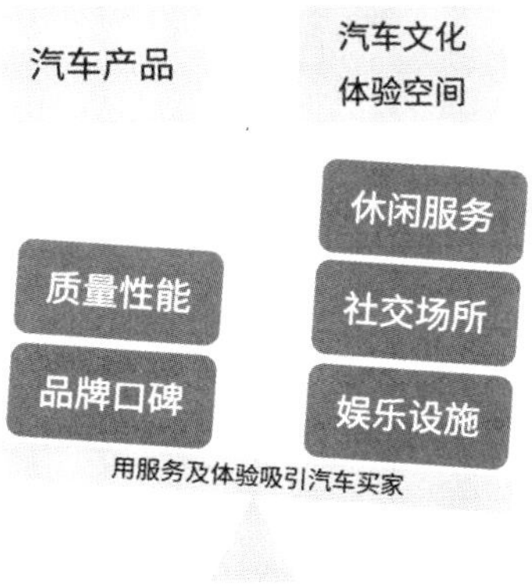

图 4-6　汽车文化体验空间的商业模式

4.7 另辟蹊径：健身空间的创新获客

当今社会，工作压力大、亚健康等问题使人们对健康生活越来越向往，个人健身意识不断增强。根据三体云动平台大数据统计分析显示，健身俱乐部会员客户画像关键词频率最高的是“办公室久坐”[①]。都市白领们久坐电脑桌前，年纪轻轻就面临着谢顶、肩周炎、腰肌劳损等亚健康的威胁，也让他们越来越意识到保持健康活力的重要性；同时，健身也变成了家与公司两点一线的白领们第三个融入社会的社交方式，大家都有肚子上的“会呼吸的痛”，因此很容易达成一致，组团健身。随着人们对自身健康的日益重视和生活水平的日益提升，各类健身运动逐渐流行起来。因单纯靠节食减肥多多少少会影响到身体健康，所以大部分人还是依靠经常健身来减轻体重。

在居民人均可支配收入提升和对个人健康的重视度提升的驱动下，健身市场欣欣向荣。智研咨询数据预估，2016 至 2022 年健身市场规模将逐步上升，从 2016 年的 157.7 亿元，可增至 2022 年的 299.9 亿元[②]。另据统计，我国健身俱乐部数量自出现以来一直保持较高的增长，从 2010 年的 3245 家增至 2017 年的 5000 余家。在资本市场中，新兴连锁健身项目的融资情况也呈良好态势。2018 年年初至 2019 年 4 月，健身行业融资超过 40 起，融资总额近 30 亿元[③]。其中新型健身业态的融资占主导，乐刻运动、超级猩猩健

---

① 健身房生存白皮书：2018 中国健身行业数据报告. 三体云动，2018.

② 健身房行业报告. 长城证券研究所，2018.

③ 中国健身俱乐部行业市场调研与投资战略规划分析报告. 前瞻研究院，2018.

身、光猪圈健身等均是新型健身业态的代表品牌。

然而，一些连锁健身俱乐部却接连爆出关店、人去楼空的消息。1999 年成立的国内较早引入连锁健身管理模式的浩沙健身于 2019 年爆出全国多家健身门店关闭转让，相关负责人失联，造成已经办卡的会员无处追讨会员费的局面。浩沙崩盘的导火索是上市公司浩沙国际的股价跳水。2018 年 8 月 29 日，浩沙国际 10:30 后出现跳水走势，不到半小时，股价从 2.10 港元暴跌 86.19%，至 0.29 港元，并紧急停牌，其市值蒸发 30 亿港元。浩沙国际至今未发布 2018 年财报，但从 2015 年至 2017 年的财报中可以看到，其负债率从 5.90%一路攀升至 23.10%，流动比率则不断下降，从 4.51 倍跌至 2.75 倍[①]。

创立了 20 年的浩沙健身的倒下，预示着健身房传统模式的落幕。事实上，眼下传统健身房正面临种种经营困境，不仅面临竞争激烈的价格战和预付费导致的转型难，而且最核心的用户体验，也正在遭受更多新型健身房的冲击。

健身房一般开在商业综合体中。一方面，健身房能够为综合体带来人气及客流量，综合体能够带给健身房较低的空间租金价格；另一方面，健身房依托综合体周围的居民密集生活社区，可以发展更多的付费健身会员。

如今，以会员年卡为主的传统健身房依然是时下的主流。然而，如浩沙这样的传统健身房在现有的经营模式上正面临着以下新的

---

① 黄玉璐. 国内最早连锁健身房浩沙健身疑跑路！控制人欠款 12 亿.中国经营报，2019-06-04.

挑战。

（1）过度依赖年卡销售收入。传统健身房的主要收入来源于会员年卡销售收入，然而仔细算一笔账就会发现，会员缴纳一年会费之后，接下来一年健身房会承担一系列未知的成本攀升，如工作人员工资上涨、原材料和器材价格上涨、地租上涨，以及频繁的教职员工流动造成的内部成本增加。传统健身房的口号是你每天运动不过是3～5元的成本，背后的逻辑却是在赌这些会员中不去健身的会员资格闲置概率。然而，如今会员运动需求旺盛，恨不得每天运动2次以上的会员比比皆是，健身房甚至出现一台设备前人满为患的局面。因此，健身房的利润并不高。

（2）会员对健身服务的要求越来越高。如今，会员对健身服务的要求提高了，对于器械使用体验不佳、服务质量不佳、课程内容单一的健身房，会员会考虑重新寻求能提供更优质服务的健身房。而健身房开业门槛低，竞争激烈，一个社区新冒出的多家健身房都在抢客源，会员的可选择性越来越多。

（3）新型健身房的出现。资本追捧下的新型健身房不断涌现，在传统健身房经营模式的基础上，新型健身房呈现出多种创新经营思路，其与互联网、硬科技等结合，在顾客服务和体验上推陈出新。这些新型健身房未来发展空间广阔，将会得到更多顾客及商业综合体的关注。

如今，健身市场规模正在扩大，但是传统健身房因各种问题面临着各类挑战，本质上，还是我国社会主要矛盾在健身房细分领域的体现。中国特色社会主义进入新时代，我国社会主要矛盾已经转化为人民日益增长的美好生活需要和不平衡不充分的发展之间的矛盾。也就是说，顾客更难被取悦了。

商业综合体里的传统健身房需要进行商业模式创新。本书总结了几个新健身房商业模式创新思路及对应案例以供参考。

模式创新 1：专注垂直细分运动类别的健身房

我们可以看到，有的饭店以一款主打菜来推广饭店的生意，如烤羊腿、酸菜鱼、老鸭酸萝卜……生意还常常非常火爆，要等很久才能等到位置。健身房为何不可以只推广一种运动呢？

覆盖面广、老少皆宜、实施简单的有氧健身运动是什么？跑步，跑步，还是跑步。2019 年，美国首先大热的趋势是“跑步健身房”：一种以跑步机为主题来进行训练的健身房模式。2019 年元旦后，高端健身品牌 Equinox 在曼哈顿推出一个独立的跑步精品健身工作室。按照 Equinox 跑步系列工作室负责人 David Siik 的说法：有很多非常棒的精品团体工作室供我们选择，但人们对于基础训练方式非常渴望，就是喜欢那种在跑道上训练的感觉。此外，全球有 1100 余家门店的循环训练健身房 Orange Theory Fitness，也是以跑步机作为循环训练很重要的一部分；纽约精品工作室 Barry’s Boot Camp，以跑步机为核心的团体训练，正在快速打开市场。

对健身房而言，只有一项或一类运动可以专注于垂直细分经营，体现差异化竞争优势，并且可以节约健身房器材购置成本与日常器材维护成本。专注主打一类覆盖面广的运动，其他运动包括动感单车、瑜伽等，也有利于健身房更明确的口碑的建立和品牌的传播。

模式创新 2：更加零售化和休闲化的健身房

传统健身房以年卡预付费的方式获得利润和现金流，主打“低频次高消费”，昂贵的年卡成了许多顾客踏进健身房的顾虑，更大的问题在于一次性定价使健身房随后需要承担各种运营成本上涨的风险。

新型健身房则以月卡、次卡的“轻量化”付费形式，降低单次健身的门槛，扩大顾客群体的边界，同时培养顾客将健身作为一种消磨碎片化时间的休闲生活习惯，更主要的是新型健身房基于顾客量和顾客画像更灵活地对价格进行了调整，从而形成了“高频次低消费”的盈利模式。

此外，新型健身房的场地也趋向“小而精”。相较于传统健身房动辄上千平方米的场地，新型健身房的空间面积普遍较小，设施也更为精简，具备社交属性和趣味性的团体课成为主打项目，场地资源能得到充分利用，因此能带来更高的坪效。

健身房定位为“身边的健身团体课专家”的连锁健身中心超级猩猩健身，每处场地面积根据实际空间设计为 300～900 平方米。健身房提供 100 种团体课程，以按次付费的方式出售，大部分课程单价为 60～159 元，是众多经济型顾客的首选。据统计，超级猩猩健身在北京、上海、深圳的门店月平均营业额可以达到 40 万～70 万元，室内空间坪效远超同行。

模式创新 3：以健身内容征服健身顾客

健身房提供的健身内容持续推陈出新，让平时很少运动的上班族在减脂塑形的同时能够掌握一项新的运动技能。这项新的运动技能在公园或者传统健身房是学不到的，既可作为表现自己独特个性的一个标志或谈资，又可以给枯燥的健身生活增加一些乐趣。健身房通过这些差异化的内容在激烈的市场竞争中占有很大优势。

虽然我们不能成为专业的拳击运动员，但是如果能利用拳击操掌握瘦身塑形的新技能，可能比利用器械运动更有趣。来自东京的精品搏击工作室 b-monster 就是主打拳击操的健身房。继徐汇上海时光里的第一家门店之后，b-monster 在南京西路核心商业圈开了第二家门店。在 b-monster 团体搏击工作室里，教练在一个类似 T 台的舞台上教学，伴随着随时变换的灯光和动感音乐，顾客借助沙袋和地面完成整套运动。课程时间为 45 分钟，按次付费。该健身房将娱乐与健身相结合，让顾客在开心的氛围里，达到健身、放松身心的目的。

模式创新 4：科技和智能助力提升健身体验

健身房品牌不仅可以通过物联网技术实现“环境智能”，即利用智能手环、智能器械、扫码开锁等先进设备，实现健身环境的智能化，还可以利用科技装备提升顾客健身体验，让顾客感受到健身房的与众不同。

Nt 幻体运动宣称其首创 Nt • FEMS（功能性肌肉电刺激）训练，顾客在运动时需要穿上运用 EMS（肌肉电刺激）技术原理设计的“能量衣”，在私教的指导下进行健身。“能量衣”无线的设计使穿戴方式更灵活，并可嵌入多种常规课程，不受特定空间的束缚。目前，Nt 幻体运动已推出小团课、瑜伽、普拉提、有氧舞蹈等多样化的 EMS 训练课程。

据Nt幻体运动官方解释，EMS技术可以模拟人体脑电波发出脉冲信号，让肌肉“自己动起来”。如果说传统健身的“反人性”是和自己薄弱的意志力和懒惰作斗争，那么这种训练方式直接绕过了大脑神经发出的“痛苦信号”，用更少的意志力完成训练动作，提升了运动的趣味性，也为现代人的健身痛点提供了一个崭新的出口。

如果可以少承受一些健身辛苦，并且在想要放弃的时候还能坚持健身，想轻松减肥的顾客可能会心甘情愿地多购买几套这样的“能量衣”。

模式创新5：挖掘健身房新功能——“带货”

健身房与其他功能店结合在一起会产生怎样的“化学反应”呢？有一个消费场景就是健身顾客会不会随手买瓶水或其他产品？健身房和便利店就这样顺理成章地联手了。

2018年，7-11联合BEING fit在台北松江路开设了首间运动复合型店。该店1层是24小时便利店，2层是BEING fit健身房，占地约165平方米。健身房从早上6点营业到晚上12点，分为4大健身区域且包含40种健身器械，还提供一对一的课程服务和团体课程的购买。BEING fit门店设计注入了运动休闲风格，采用饱和度较高的黄色与蓝色，给人以视觉上的冲击，空间设计部分也以大面积的自然光投射为主。BEING fit希望以新一代健身房模式为发展核心，与7-11共同打造一种全新的购物+运动生活方式。无独有偶，2018年年初，日本全家便利店也开设了首家运动复合型商店，两大全球知名便利店都在积极开展各自的健身板块业务。

在这种情况下，健身水、运动功能饮料成了刚需，不少人在健身后为了减少食物的摄入量，会随手购买便利店里的精致小分量的食物（如一个饭团、一份土豆泥、一份关东煮等）。此外，便利店作为房地产商业空间，是否也可以借助健身房将便利店的商业空间功能进行延展呢？这种联合经营逻辑是对的，就是要通过互相刺激，创造新的可能。

虽然健身是都市人的刚性需求，但是健身行业竞争激烈，要提升空间营业额，就需要在功能业态和体验上做创新升级。

【案例分析】

作为商业空间之一，健身房要想持续经营并盈利，需要做到以下几点。

（1）持续推出新的健身项目。健身项目的新颖度是吸引顾客的主要因素，健身房在健身项目内容上需要持续推陈出新，只有这样才能使健身房在竞争日益激烈且同质化严重的市场竞争中保持持久的生命力。健身房对新的健身项目设计可以通过两种方式获取信息参考：一是对健身顾客需求进行调查，了解他们最新的需求动向和建议；二是要求健身教练在编排课程内容时，将顾客画像与课程自身特点进行大胆结合，引用和借鉴国内及国际新型健身项目，采用不同的教学方法，以提升课程的吸引力。

（2）提升健身教练素质。健身房的教练是健身房运营的核心。健身房要培养一批不断提升自身技术熟练度和教学服务水平的教练，鼓励教练积极参加培训以提升自我素质。同时，健身房要采取合适的激励方式，鼓励教练关注外部健身课程新潮流，发挥自主创造力，自创操系，针对不同的顾客编排有针对性的健身项目，如针对有减少腹部脂肪需求的顾客编排收腹燃脂操等。

（3）改善健身房室内环境。为了优化顾客体验，在布局上，锻炼场地要宽敞、明亮、空气流通，地面要干净平整。同时，健身房要配置松软、弹性好的垫子，以及充足的浴室、更衣室、卫生间等健身辅助设施。健身器械结构要合理、外观设计力求美观、结实，既能吸引顾客使用，又能缓解顾客的健身劳累度。室内整体色调应该以给人活力、提神醒脑的色调为主，提升顾客的健身兴致。此外，健身房可以配置一批蕴含物联网、大数据、人脸识别等前沿科技的体测与健身器材，利用科技产品提升顾客的健身体验。

（4）注重健身顾客的运营。健身房应打造会员社群，在群里展示顾客健身的照片或视频，并不定时举办O2O的会员活动，推广专属会员的优惠权益活动，提升顾客对健身房会员社群的情感依附度，将顾客之间的联系从健身房扩展到工作、生活与学习中，增加健身顾客持续付费购买健身服务的黏性。

健身房运营模式的创新，虽然在新设备和新科技的使用、新内容开发及教练引进方面会增加初期建设成本，但是对现今传统健身房的市场竞争而言，一方面，健身房前期创新升级能解决部分人工成本，降低顾客健身的“无效时间”，提高顾客健身效率，进而提升健身房的坪效产出；另一方面，通过健身数据的记录和分析，健身房能更好地了解顾客的健身及身体情况，为高效个性化的服务打下基础，并以此升级体验，增强顾客黏性。零售化、娱乐化、科技化、智能化和内容创新是健身房的整体商业模式发展趋势。透过现象看本质，健身房经营模式的创新，也意味着健身房已从原来主要靠空间、器材和私教来满足顾客强身健体的需求，升级为依托服务和体验塑造来满足顾客健身及休闲娱乐需求。

健身空间经营模式升级如图 4-7 所示。

图 4-7　健身空间经营模式升级

4.8　传承创新："非遗"文化创意空间

随着中国在国际上影响力的提升，中国人的自豪感和对中国传统文化的认同感也明显提升。中国拥有悠久的历史，老祖宗流传下来的非物质文化遗产不能丢。

什么是非物质文化遗产（简称"非遗"）？根据《中华人民共和国非物质文化遗产法》规定：非物质文化遗产是指各族人民世代相传并视为其文化遗产组成部分的各种传统文化表现形式，以及与传统文化表现形式相关的实物和场所。

据中国非物质文化遗产保护中心统计，截至 2018 年年底，国务院批准公布了四批共 1372 项国家级代表性项目，各省（区、市）批准公布了 15 550 项省级代表性项目。2018 年 5 月，文化和旅游部公布了第五批国家级非物质文化遗产代表性项目代表性传承人名单，共计 1082 人。中国非物质文化遗产传承人群研修研习培训计划累计覆盖人群达到 7.1 万人次[①]。我国入选联合国教科文组织人类非物质文化遗产代表作名录项目共计 40 项，位居世界第一。

近年来，国家不断出台各项扶持政策，助力非遗传承。国内市场也逐渐掀起一股“非遗热”，越来越多的非遗项目朝着产业化方向发展，并成为各地争相发展的“美丽经济”。据全国性非物质文化遗产普查结果显示，中国有近 90 万项非遗资源。非遗作为一个国家鼓励和扶植的文化创意细分产业，正以“非遗+”的形式，融入到商业、教育、文创、旅游、娱乐等行业领域，利用自身历史沉淀符号的独特魅力，越来越受到国内消费者的青睐。非遗文创市场已经形成一个广阔的蓝海市场。

商业空间是非遗产业化的重要载体，接下来为大家展示非遗产业内容在一个购物中心、一条文化街道和一个园区的运作策略。

购物中心的一场活动——保利时光里・情意连绵桃花节

2018 年开业的保利时光里・广州位于建设大马路 18 号，商场延续保利中环广场 7 年的城央生活打造，带来人文、艺术、生活繁荣共融的公共空间。保利时光里“用艺术表达态度”，用“新”制造艺术文化，致力打造以贴近生活的艺术语言为传播，集视觉呈现、

① 党的十八大以来我国非遗保护工作综述. 中国非物质文化遗产网，2019-06-17.

感官体验、味蕾品尝等为一体，精彩纷呈、聚享生活的资源互动的城市生活艺术广场。

2019 年 3 月妇女节之际，定位城市生活艺术广场的保利时光里·广州携手黔东南苗族侗族自治州非物质文化遗产保护中心、从江县文化旅游局、广州摩登氧分艺术机构、从江民艺传承研习所、从江山村中小企业服务中心等多个平台组织，连同象征美好寓意的桃花、桃花文化与贵州的特色非遗文化进行融合创新，共同承办摩登民艺文化节。

保利时光里进行跨省合作，首次把远在黔东南苗族侗族自治州的 53 项珍贵的国家级非遗搬进了商场，并举办系列文化节活动，代表活动有以下几项。

（1）邀请经验丰富的传统手工艺者在现场为市民呈现当地特色传统刺绣，带来少数民族服饰与现代服饰相互融合的秀场，让顾客近距离观赏极具特色的精美传统服饰。

（2）邀请专门从贵州从江县过来的一众歌师在商场演绎地道的侗族大歌。据介绍，具有 2500 多年历史、被形容为“清泉般闪光的音乐”的侗族大歌早在 1986 年亮相法国巴黎金秋艺术节时就技惊四座。2009 年，侗族大歌被列入世界人类非物质文化遗产代表作名录。

（3）非遗创意市集是此次活动的一大特色，它围绕贵州民族特色，尤其是黔东南从江县的民族特色，带来一系列丰富多彩的手工艺产品，以及特色煨酒等美味土特产，让顾客近距离感受极具特色的风土人情。

（4）除了视觉、听觉和感官体验，动手体验非遗手艺的魅力也是本次活动的亮点之一。非遗手艺体验专场不仅带来专注非遗景泰蓝工艺的原创品牌“豆子珐琅”的传统工艺展示，还有黔东南传统手工体验活动，有兴趣的顾客可以在现场尝试极具特色的传统刺绣、蜡画、植物扎染等。活动期间，保利时光里的会员凭任意消费小票即可参与体验。

一条非遗文化街——扬州东关街

扬州东关街位于江苏省扬州市，是扬州城里具有代表性的一条历史老街。它东至古运河边，西至国庆路，全长 1122 米。东关街以前不但是扬州水陆交通要道，而且是商业、手工业和宗教文化中心。

东关街上的“老字号”商家极为丰富，有开业于 1817 年的四美酱园、1830 年的谢馥春香粉店、1862 年的潘广和五金店、1901 年的夏广盛豆腐店、1909 年的陈同兴鞋子店、1912 年的乾大昌纸店、1923 年的震泰昌香粉店、1936 年的张洪兴当铺、1938 年的庆丰茶食店、1940 年的四流春茶社、1941 年的协丰南货店、1945 年的凌大兴茶食店、1946 年的富记当铺，此外还有周广兴帽子店、恒茂油麻店、顺泰南货店、恒泰祥颜色店，朱德记面粉店等。

东关街是扬州手工业的集中地，前店后坊的连家店遍及全街，如樊顺兴伞店、曹顺兴箩匾老铺、孙铸臣漆器作坊、源泰祥糖坊、孙记玉器作坊、董厚和袜厂等。

根据 2016 年统计，东关街主街包含 21 种非物质文化遗产及多项遗存[①]。这些非物质文化遗产涵盖世界级、国家级、省级、市级等各个等级的非物质文化遗产，以及一些还未列入非物质文化遗产认证的非物质文化遗存。在东关街主街所涉及的非物质文化遗产和非物质文化遗存中，手工技艺的非物质文化遗产和遗存（包含重复出现的非物质文化遗产）占据 82.3%，民间美术占据 10.9%，民俗占据 2.7%，民间曲艺占据 2.7%，传统医药占据 1.4%。

扬州东关街中与非物质文化遗产相关的物理空间包括工艺品售卖店、食品售卖店、餐馆、研习所、博物馆、道观、书场、园林、修脚店等，这些非物质文化遗产空间在东关街的经营大多都较为理想。根据 2019 年统计数据，扬州市 2018 年全年接待境内外游客 7044.23 万人次，增长 11.9%；实现旅游业总收入 917.90 亿元，增长 15.2%。作为中国旅游名城中的标志性旅游景区，扬州东关街的非遗空间收入非常可观。

一个非遗产业孵化园区——咏园

咏园位于北京市东城区幸福大街永生巷 4 号院，过去是大名鼎鼎的北京三露厂（代表产品：大宝 SOD 蜜）的所在地。2003 年，三露厂迁址亦庄，留下了占地约为 1.1 万平方米的厂房。

2018 年，首创置业中标园区改造后，没有将厂房大拆大建，而是在原有风格的基础上进行了重新规划设计。经过创新设计与改造，现在厂房已变身为咏园非遗文创园。咏园北侧的“九如楼”“穆

① 陈星，杨豪中. 扬州东关街历史街区中的非物质文化遗产相关空间研究[J]. 工业建筑，2016，46(3):38-45.

清楼”，均为民国末年百年建筑。首创置业使用传统工艺对建筑外墙进行黄沙水泥拉毛饰面，又采用西班牙传教风格的外窗木质遮阳板为原来的土灰色外墙增加特色。如今，北侧建筑还设立了“大师会客厅”、非遗平台销售展示终端“承启造物”。中国玉雕大师张铁成、凉山彝绣非遗传承人阿牛阿呷、著名设计师劳伦斯·许、著名服装设计师张义超，以及一批基于非遗发展起来的创意品牌，成为第一批入驻者。

咏园九如楼的“大师会客厅”是非遗的传承实践平台，主要推出一系列针对中小学生的非遗进校园活动，培养中小学生对非遗文化的兴趣；“承启造物”则是非遗的创新转化平台，通过产业化运作的方式，整合多方资源，将非遗转化为可生产、可流通、可变现的商品和服务，让非遗重回市场。咏园开业第一个大型非遗展是“中国纺织非遗创新成果展暨首创非遗设计创新展”，云锦旗袍、苏绣双面绣、雕漆祥云包、打籽绣“竹见山青”手包等中国经典非遗工艺的作品出现在该展中。在咏园，你可以看到传统与现代的碰撞，工艺与设计的紧密结合。

园区中拥有百年历史的北楼将入驻 10 余位非遗传承人、设计大师，还将设立大师工作室，并对公众开放，展示建筑与非遗之美。旁边的西楼将打造成非遗生活方式体验区，引进非遗主题餐饮，推动非遗走上百姓餐桌。另外，这里还有非遗家居体验馆，既可以供公众参观，也接受个性化定制。园区中央的宽阔草坪将不定期上演 T 台秀，是非遗服饰的展示平台。从与大师交流，到参观体验，多功能的园区空间将“一站式”展示非遗魅力。

为了打通非遗产业化链条，首创置业还将投入 50 亿元文化产业基金，非遗创新发展是其重要投资方向。同时，在王府井东方广场 1 层西区，首创置业非遗产品销售体验平台“承启造物”已经开业。来往的顾客在挑选产品时，还能了解背后的非遗故事。据了解，首创置业非遗自有品牌“承启造物”，未来将通过旗下 15 家奥特莱斯购物中心及京东、唯品会、阿里巴巴等 O2O 资源，构建非遗线下销售渠道，让孵化和投资的非遗产品通过平台产业链进入消费者市场。

【案例分析】

线下各类博物馆、展览、旅游景区与非遗的结合，为非遗产品提供了很好的展示平台，但受地域、时间等条件的限制，传播有限。非遗只有形成商业属性的商品，借助市场流通，才能真正发展成为一个产业。目前，非遗产业发展的局限主要体现在以下三个方面。

非遗产品人市场化意识薄弱，非遗产品质量有待提升

以往，非遗产品人大多以非遗产品换取生活用品供自家日常生活所用。众多手艺人传承非遗产品制作技艺后，并未意识到自己所掌握的技艺能够走向更大的市场，能够得到全国甚至世界各地消费者的认可和喜爱，他们对于技艺的市场化或商业化价值感知较弱。同时，非遗产品的生产流程不太规范，缺乏完善的品控和质检流程，生产的产品质量参差不齐，严重影响了消费者的体验。有些非遗产品的质量、外观与工业规模量产的同类型产品相比没有竞争优势。

非遗产品种类单一，产品的市场卖点需要被策划、开发

非遗产品人在一定时期内能手工生产的产品类型和数量有限，难以满足消费者多样化的需求。非手工部分的基础产品生产缺乏对供应链上游的溢价能力，生产过程规范化、标准化程度不足，各环节沟通不畅，时间成本高。非遗产品人虽然拥有精湛的技艺，但是缺乏设计所需的色彩及构图等综合专业能力，产品创新能力不足。此外，非遗产品有着地域和文化的局限，离消费者的生活有一定距离，难以被广大消费者接受。

传播、销售渠道单一，缺乏有效产品宣传包装

以往，非遗产品人的产品大多通过线下店铺或口口相传进行销售，能够触达的消费者非常有限；而消费者也主要通过有限的几个途径去寻找或购买非遗产品，如城市古文化街等。供需双方渠道信息的不对称性大大限制了非遗产品的销售。同时，专业参与方少，导致在非遗产品的内涵发掘、市场推广等方面存在一定的限制，难以让更多的消费者了解到非遗产品的特质和优势，非遗产品的市场影响力扩大很受限制。

非遗的未来充满了商业想象力，关键是如何充满创造力地“玩转”非遗传承，激活其市场价值。

非遗文创空间功能如图 4-8 所示。

图 4-8　非遗文创空间功能

4.9 人气汇集：室内儿童乐园激活购买力

根据中国儿童产业中心的数据，80%家庭中儿童支出占家庭支出的 30%～50%。根据 2016 年人口普查数据，14 岁以下儿童占比为 16.64%，约 2.3 亿人。2016 年，全国居民消费人均支出为 1.7 万元，三口之家的消费支出为 5.1 万元左右，其中儿童平均消费为 1.7 万～2.55 万元，儿童消费市场规模每年约为 3.9 万亿～5.9 万亿元[①]。

随着（2016 年）全面二胎政策的放开，我国新出生人口数量迅速增长，在政策实施的第二年，新出生人口数量有所回落，但是较政策实施前仍有所增长。为了刺激人口增长，国家和地方政府出台了一系列刺激生育意愿的政策，未来政策或加码，预期新生儿数量将会保持平稳增长，儿童消费需求将进一步增加，其中自然包括对室内儿童乐园的需求增加。

室内儿童乐园是专门为 0～12 岁儿童提供成长所需的教育、娱乐、健身和休闲娱乐的空间。这些空间以儿童的安全为第一位，寓教于乐；通过一些创意游乐设备，以及巧妙地运用声、光、气、水、色彩组合达到娱乐、早教、锻炼的目的。

据统计，2014—2017 年，购物中心儿童亲子业态占比由 10.8% 微涨至 11%[②]。在 2017 年新开业购物中心进驻的儿童亲子新兴品牌

---

① 2018 年中国儿童消费产业竞争格局：儿童业态差异化竞争显著. 中国报告网，2018-07-10. http://market.chinabaogao.com/gonggongfuwu/0G034Q092018.html.

② 2018 年中国儿童消费产业竞争格局：儿童业态差异化竞争显著. 中国报告网，2018-07-10. http://market.chinabaogao.com/gonggongfuwu/0G034Q092018.html.

中，各细分业态占比分别为：儿童零售 61%、儿童教育培训 22%、儿童游乐 12.1%、儿童服务 4.9%。对比 2014 年、2015 年、2016 年，儿童游乐、儿童服务新兴品牌占比呈上升趋势，主要由于消费升级、市场细分，催生了一批儿童游乐园、儿童餐厅、儿童理发等提高儿童生活乐趣和品质的新兴业态。随着新中产阶级的崛起，未来儿童消费市场规模还将保持快速增长。主打亲子经济模式的室内儿童游乐园业态能够实现“1 个儿童带动 *n* 个家长”的全家消费虹吸效应，也成为商场内主要的业态；尤其在儿童娱乐方面，其坪效为每天 25 元/平方米高于成人的每天 18 元/平方米。

从场地规模来看，商场室内儿童乐园面积大多在 200 平方米以上。由于儿童乐园的设备要采购新奇有趣的，加上一、二线城市商场的租金较高，所以前期投入大。以某二线城市大型商场 300 平方米的儿童乐园为例，租金加设备采购费用，再加上装修和员工招聘费用，约需花费 30 万～50 万元，具体数据会因地区租金差异和设备差异而有所出入。

商场室内儿童乐园属于一次性投入，也就是前期一次性付清租金和设备费用之后，后期成本主要是设备运维与保养、水电能源和教学人员成本。室内儿童乐园的营收主要来自顾客办会员卡消费储值。办卡消费模式好处很多，一方面，可以吸引更多的顾客，建立稳定的顾客群，资金回笼快；另一方面，会员制可以让儿童乐园会员比普通顾客享受到更多的优惠，让会员觉得实惠。

下面为大家分享五个典型室内儿童乐园案例。

案例 1：Snoopy Garden

Snoopy Garden 是根据《花生漫画》中的经典卡通形象和卡通场景设计的主题乐园，不同于北京“欢乐谷”等带有刺激性游乐设施的主题乐园。在北京五彩城项目中，Snoopy Garden 是一个带动人气的主力店，其建筑面积为 4500 平方米，目标客户为 3～12 岁儿童的家庭消费群体及年轻女性。五彩城 Snoopy Garden 里有儿童游乐区、玩偶展示区、舞台区、活动区等众多场地供游客游玩，共八个游玩区域、一个休息区域、十多种娱乐项目。

Snoopy 的形象可爱、富有亲和力，深受小朋友及其家长和年轻女性的青睐，同时 Snoopy 诞生已 60 年，其长久的生命力使其在全球拥有极其广泛的爱好者。五彩城整体定位主题是“一家人一天的生活”，和 Snoopy 展示出来的气质完美匹配。

引入 Snoopy Garden 需得到原著作的版权公司 United Feature 的书面授权，其授权工作由亚洲版权代理 RM 公司负责。Snoopy Garden 的授权费由固定场地版权费、园内销售费用两部分组成。RM 公司只负责 Snoopy 形象的授权，不负责乐园内各种卡通造型的公仔和漫画场景设施的设计与制作、后期乐园的经营管理，这些投资和工作均需由项目开发商来完成。项目开发费用包括主题乐园的建设投资，园内各种卡通造型的公仔和漫画场景设施的设计、制作费用，以及游乐设施的建设费用，此外还包括主题乐园的园林费用。

华润五彩城的 Snoopy Garden 不售票，顾客当日在购物中心消费每满 200 元，即可兑换一张花生卡，凭借花生卡可以进入 Snoopy

Garden 娱乐。华润五彩城引入 Snoopy Garden 的主要收入来自园内场地分租收入、销售提成收入、纪念品的销售收入。Snoopy Garden 对于五彩城的作用，主要是作为人气主力店，弥补购物中心吸引力的不足；其明显的挑战是投资金额大、回收周期长、运营风险大。

案例 2：乐高探索中心

开设在上海的乐高探索中心是乐高在全球开设的第 17 家乐高探索中心，探索中心占地 3000 平方米。乐高积木不仅仅是随处可见的玩乐的工具，还有用它来搭建而成的复杂的标志性建筑，另有运用乐高元素制成的游乐设施。整个探索中心内设有 10 个主题区，包括古堡历险、乐高赛车场、乐高创意工作室、乐高 4D 体验馆、迷你天地、乐高工厂之旅、魔法转盘、乐高淘气堡、得意农庄和乐高好朋友。需要注意的是，该探索中心有一项特殊政策：成人不能单独入场，一位或多位成人必须至少携带一名儿童才能入场；13 岁以下或身高在 1.4 米以下的儿童不能单独入场。

上海乐高探索中心为顾客提供 2～3 小时富有启发的游玩体验。乐高工厂之旅、古堡历险和迷你天地有独立的房间及出入口，游玩顺序由工作人员统一安排；其他 7 个主题区在一个大型空间里，可以随意游玩。

位于长风景畔广场大门外的巨型长颈鹿乐高模型是上海乐高探索中心的标志性装置。长颈鹿高 6.16 米，体重为 842 千克，由 4 位乐高大师在捷克花费 450 个小时搭建而成，总共使用了 45 828 块乐高积木，总高度达 879 米。

上海乐高探索中心里有三个非常有特色的项目。

项目 1：乐高工厂之旅

“工厂”是一个大房间，四面墙上是拥有超大屏幕的 LED 电视，房间中间摆放着一圈操控台，顾客入场后选好操控台就可以根据屏幕上的提示设计乐高小人了，可以自主设计身体、衣服、表情等。另外，这里还可以看到乐高积木生产的整个流程。

项目 2：迷你天地

迷你天地既是展示乐高积木无穷创造力的空间，又是一个微型上海城市。这里有使用超过百万块乐高积木还原出的多个标志性地标建筑，包括东方明珠广播电视塔、外白渡桥、上海世博会中国国家馆等。整体空间的光线模拟白天和黑夜的变化，到了晚上就会有霓虹灯效果的蓝色和紫色，而且建筑也点亮了灯光，呈现在眼前的是绚丽的夜景。在这些建筑中还有一些小的互动设施，如新天地前可以旋转的舞龙、黄浦江上可前后移动的龙舟。

项目 3：乐高赛车场

乐高探索中心的赛车场里有大大小小的轮子和车体零件，小朋友们可以自己动手做出属于自己的独一无二的乐高赛车，并且可以让做好的车子在测速道上自由奔跑。小朋友们还可以一比高下，看看谁的赛车跑得更快，甚至可以在速度测试跑道上给赛车定时，秒表能够精确到百分之一秒，精确测量小朋友们亲手制作的赛车的“性能”。赛车场里还有一个地震测试台，小朋友们可以在固定的板上用乐高积木搭建一座房子，然后用旋转按钮选择震级，就可以测试自己搭建的房子能够“抵抗”多大强度的震动了。

此外，乐高商店里积木论斤卖，每 100 克乐高积木卖 55 元左右。家长和孩子可以拿个袋子自己装。这种售卖方式只有在乐园里才有，人们可以从堆满了各种颜色、各种款式的乐高积木零件池子里随意挑选，就好像买散装糖果一样。这里还有精致的钥匙扣、乐高人物等周边产品供人们挑选，其中可以自己动手拼接的小人最受欢迎，因为家长和孩子可以凭喜好选择头、身体、腿和小人手持道具，十分有趣。

案例 3：in KIDS with LINE FRIENDS 乐园

作为中国银泰旗下 in 品牌所打造的创新消费品牌，in KIDS with LINE FRIENDS 乐园开业至今，广受大众青睐。卡通形象 LINE FRIENDS 主角一经推出便迅速风靡全球，可爱的可妮兔、布朗熊等卡通玩偶与周边产品在全球范围内拥有无数的忠粉。

in KIDS with LINE FRIENDS 由室内主题乐园、LINE FRIENDS CAFÉ、LINE FRENDS STORE 构成，它的目标客户是 2～12 岁儿童的家庭消费群体及年轻群体。在室内主题乐园里，有布朗熊攀岩、可妮兔蜘蛛塔、爱德华滑梯、蛙里奥蹦床、莎莉海洋球池、馒头人天空网、明星派对屋等项目。此外，这里还设有主题派对房，小朋友们可以尽情地享受和玩伴举行小型派对的乐趣。乐园的各个角落都加入了诸如玩偶、雕塑等 LINE FRIENDS 元素。

设计师希望整个空间干净、整洁、充满幸福感，区别于同质化的商业空间设计，因此对色彩和材质的选择有极高的要求。在配色方面，该乐园采用大面积的白色打造公共空间，并将丰富的色彩融入其中。海洋球全部采用加厚的无毒塑料制成，每一颗都有品牌特制的 Logo。工作人员每天晚上都会用戴森吸尘器清理海洋球池底，并且每两周会用荷兰进口的专业清洗机对海洋球进行一次深层消毒。

在 in KIDS with LINE FRIENDS 乐园里，来自韩国 LINE FRIENDS 的卡通玩偶始终陪伴左右。当孩子们在海洋球池里徜徉、在彩虹树上荡漾、在攀岩墙上挥洒汗水、在滑梯上尖叫时，贴心可爱的 LINE FRIENDS 卡通玩偶就陪伴在海洋球池里、转角的楼梯旁以及天花板上。在这里，孩子们可以尽情地玩耍，度过童年梦想中愉快而难忘的时光。父母们在陪伴孩子们玩耍的间隙，可以在 LINE FRIENDS CAFÉ 点上一杯饮料、品尝一些甜点、定制几个可爱的玩偶，等待和孩子们一起分享童年，真是妙不可言。

该乐园有一项特殊要求：成人必须携带孩子才能进入，并且必须脱鞋戴鞋套。此外，门票价格不便宜，平日票价为 388 元，节假日票价为 588 元。这个设计及体验俱佳的室内乐园无疑是亲子“打卡”的圣地，其宣传语是：借个娃都要去。

案例 4：星期八小镇

上海“星期八小镇”是国内首家儿童社会角色体验中心，专为 3～13 岁的孩子提供一系列逼真的社会场景和职场角色扮演。星期八小镇内含多个主题馆，为孩子们创造了一个全新的成长空间。

星期八小镇内部如同真实社会般存在着各行各业，可为孩子们提供 8 大领域、50 类行业的 70 多种社会角色扮演内容，孩子们可以自由选择喜爱的角色亲自体验。大部分体验场馆均有专属的角色服装，让孩子们可以完整地体验相关职业的工作流程。其中，部分职业装更是直接翻版主题馆赞助商的职业制服，如飞机机长服、消防员服、护士服等，更好地帮助孩子们进入工作角色。为了培养孩子们独立完成每项工作的能力，同时保证体验过程不受干扰，大部分主题馆家长是无法陪同进入的。家长可以通过主题馆的玻璃墙观看孩子的体验过程，也可以在主题馆外的公共区域休息。

星期八小镇已经在多个城市设有分店，主要采取“商业地产+线下体验”的运营模式。总结其主营业务，除了职业体验，还有商业地产租赁、衍生品销售、个性服务等。星期八小镇一直在积极发展 IP 资源，以更好地吸引儿童。星期八小镇和南方少儿频道共同打造了基于 IP 的真人科幻栏目剧《今天星期八》。目前，星期八小镇不仅有“太阳王子”“太阳公主”等自有 IP 形象，还与日本“咸蛋超人之父”中田和幸合作，共同打造出新时代的超级 IP。星期八小镇对单个孩子的收费是平日 130 元、节假日 180 元，每位陪伴的家长收费 50 元。

2009 年年末，星期八小镇正式被中国科学技术协会评为“全国科普教育基地”。星期八小镇已在广州、上海、武汉、荆州、济南、厦门、南昌、成都等地建有儿童情景体验基地。在体验基地里，儿童可以在工作人员的必要辅导下扮演各种社会角色，提前感知成人的世界，培育健全的人格。

案例 5：爱乐游

“爱乐游”是一家发展超过 15 年，以亲子互动为主题的儿童健身馆专业品牌，是一家专门为身高在 130 厘米以下的儿童设计的室内健身馆。爱乐游馆内面积一般约为 250 平方米。馆内的所有设备均为自主设计，都是根据儿童在成长阶段中日趋复杂的动作需要，采用优质环保材料，通过精心设计、研制生产出启发儿童身体潜能、具有高度益智性的娱乐性产品。爱乐游馆内还有创意游乐设备，如动物秋千、旋转 UFO、旋转咖啡杯、手动转转乐、四人跷跷板等。

同时，空间内配置有海洋球池、咖啡杯、椰子树、乘浪水床、充气滑梯等丰富多样的游戏设备，巧妙地运用声、光、气、水、色彩组合，实现了集娱乐、健身、益智、教育为一体的多重功能，给孩子们创造了一个健康、安全、快乐的游玩空间。目前，爱乐游已在全国开了 200 多家加盟直营店，其重点拓展对象是北京、上海等经济发达城市。

【案例分析】

随着居民消费升级及儿童家庭对儿童学前娱乐、教育需求上升，购物中心里的室内儿童乐园在中国家庭的儿童素质教育培训和休闲娱乐功能上，扮演着日益重要的角色。越来越多的购物中心提升了空间内儿童乐园业态的比重。室内儿童乐园有以下几个主要收入来源。

（1）单次门票收入与会员卡收入。室内儿童乐园的收入来源主要是单次门票收入与会员卡收入。目前，我国大部分室内儿童乐园单次门票价格为 30～50 元，一线城市比二线城市门票价格高一些。室内儿童乐园的会员卡分为计时卡、次卡、月卡、季卡、半年卡、年卡等。如果办理会员卡，人们就可以在原门票价格的基础上享受 7 至 9 折优惠；如果一次性缴纳半年或一年的费用，单次游玩的价格可享受 7.5 至 8 折优惠。少量室内儿童游乐园会收取办理会员卡的工本费，一般为 5～10 元。

（2）周边产品销售收入。室内儿童乐园里大多设有礼品区及饮食店，主要销售玩具、儿童读物、零食、餐点、饮料等，这是儿童乐园比较大的收入来源之一。一方面，家长在陪同孩子玩乐时，可通过逛礼品区和饮食店来消磨时间，在这里为孩子购买玩具和食品饮料；另一方面，这些周边产品为室内儿童乐园拓宽了盈利渠道。

（3）场地租赁收入。室内儿童乐园一般都提供场地租赁服务，消费者可在这里举办亲子烘焙、生日派对等活动。场地和设备租赁费用不低，半天费用为上千元或数千元。

此外，不少室内儿童乐园还提供摄影服务，可以帮孩子们拍摄一些有纪念意义的照片。有的室内儿童乐园还提供儿童托管服务，可以帮家长解决有事外出时孩子无人看管的问题。

据调查显示，越来越多的购物中心把儿童乐园作为主力店，并不是因为儿童乐园能为购物中心赚钱。从租金层面来讲，儿童乐园即便作为购物中心的主力店，交给购物中心的租金也相当少，而投资大型的儿童乐园，一般回收周期为 5～8 年，甚至更长。儿童是家庭的核心，购物中心抓住了儿童，就等于抓住了整个家庭。购物中心将室内儿童乐园作为主力店，主要目的是用儿童乐园吸引人气，从而提高其他零售、培训、餐饮、电影娱乐等消费项目的收入。

购物中心中室内儿童乐园的发展是随着市场消费人群构成的变化而变化的。来儿童乐园消费的孩子的家长多为“80 后”或“90 后”，也就是说，20～40 岁的人口逐渐成为购物中心周边社区的居民主体，加上未生育的年轻人未来的需求潜力，购物中心里的室内儿童乐园对年轻人的吸引力是长期存在的，这也说明室内儿童乐园可以为购物中心带来长期持续的人气吸引效益。

最后，对室内儿童乐园的运营商而言，考验的是运营商在目前儿童乐园同质化非常严重的状况下，如何推陈出新、巧妙设计儿童乐园内容，用货真价实的内容来吸引孩子及其他家庭用户的光临。

室内儿童乐园提升购物中心业绩模式如图 4-9 所示。

图 4-9　室内儿童乐园提升购物中心业绩模式

4.10　悬疑解密：密室逃脱引人入胜

如今，真人密室逃脱项目已经拥有较为广泛的玩家群体。笔者来到家附近的一家密室逃脱馆，向项目运营人员了解到，该项目是集沉浸式悬疑剧情和解密游戏为一体的创新型密室逃脱娱乐项目。

娱乐项目的故事背景是六位探险家到一栋废墟里探险，只有解开种种谜团，才能顺利离开这个密闭的空间。在这六名队员中，有一位是潜伏在其中的“搅局者”。这位“搅局者”不能向队友公开自己的身份，还要按剧情需要，提供一些干扰其他队员顺利解密的错误信息。整个游戏过程中，其他队员不仅要解开各种谜团，顺利离开这个空间，还要找出隐藏在团队里的“搅局者”。项目团队为各位队员定制的身份各不相同，即他们有不同的背景与言行规则。整个游戏体验过程为 50～60 分钟，该娱乐项目平日票价为 138 元，节假日票价为 168 元。

票价虽然不便宜，但对都市年轻人来说，能够短暂地摆脱乏味、辛苦的加班生活，不用长途跋涉，在住处附近的商场内就能体验一场引人入胜的沉浸式解密游戏，还是非常有吸引力的。

商场里的密室逃脱项目，一直是商场集聚人气的法宝。密室逃脱项目不仅自身是一种商场收益来源，还能为商场增加人气。商场的人气上升后，顾客在商场的其他消费额也会上涨。顾客在体验密室逃脱项目前后，会带动商场餐饮等收益的提升。2015 年，商业地产服务商 RET 睿意德发布的研究报告显示，“密室逃脱”和“鬼屋”是购物中心内最赚钱的业态之一[①]。报告显示，2015 年，以 20～35 岁白领阶层为目标顾客的密室逃脱娱乐项目开始走进购物中心，它以多种不同场景的主题房间、有趣的解密游戏故事背景和解密路线设计、灵活的票价组合模式，吸引了大批顾客。另外，由于这类业态游戏需要体验人员分工协作，受到了各大企业的青睐，成为许多企业团建选择的项目。购物中心内规模较大的密室逃脱年平均盈利 200 万～500 万元，占购物中心总盈利的不小份额。

---

① 新兴业态研究报告. 睿意德，2016.

未来，购物中心里的密室逃脱娱乐项目应如何激活其活力呢？重要的是，应如何利用密室逃脱这个娱乐项目为购物中心吸引人气、增加客流呢？这里为读者总结了一些关于密室逃脱项目的运营策略。

首先，AR、VR 等科技手段的运用，能增加密室逃脱项目的趣味性和内容延展性，更重要的是能够降低密室逃脱空间租金成本。VR 技术和内容娱乐项目的成熟化，使人们通过另一种方式感受到了沉浸式娱乐的趣味性。购物中心里也有一批 VR 电影院和 VR 游戏厅，但是经过几年的发展，也许时机未成熟，主打 VR 的这些娱乐项目给顾客带来的体验并不理想。VR 虽然当不了“主角”，但是可以扮演“绿叶”。购物中心可以将 VR 与密室逃脱娱乐项目结合在一起，提升密室逃脱娱乐项目的顾客体验，将线下有限的空间延展到线上更广阔的场景和故事情节里。此外，其中一些情节内容可以通过 VR 在线上完成，从而节约空间租金成本和场景搭建成本。

2017 年 12 月，某 VR 娱乐公司推出了一款 VR 密室逃脱项目，该项目包括线下模块（如实体密室、VR 设备、VR 游戏等）与线上内容运营管理平台。据介绍，实体密室占地约 20 平方米，分为 6 大模块，48 小时内就可以在任一空地搭建起该项目的线下空间。这些分装后的模块能通过电梯轻松搬运。在硬件方面，该项目采用 HTC Vive、杜比 7.1 环绕声，还添加了手铐装置、震动地板等多种设备；在内容方面，该项目开发了可供 8 人同时联机的主题 VR 游戏。

在这个项目中，为了提升项目内容的娱乐性、降低空间租金成本，设计者用头戴式 VR 设备替代了部分线下实体布景道具。考虑到顾客通关后对新内容的需求，项目运营商对空间组成模块不断重新拆卸和组建，变换空间大小、方位和场景；同时，空间内采用 4D 影院内配置的交互体验机械装置，配合 VR 故事情节，为顾客营造出丰富的沉浸式体验。此外，项目运营商持续进行新剧情内容塑造，以提升趣味性，吸引顾客重复消费。

其次，密室逃脱项目要想做成品牌，需要扩大产品覆盖品类。密室逃脱项目占地面积需求不大，通常只需要 30～40 平方米。空间布局由主题确定，内置的机关道具越多，投入成本也会越高。据统计，小型密室逃脱一个主题房间的设计费为 1000～3000 元，道具费约为 1 万元，在居民楼里的多个房间密室逃脱的建造成本大多约为 20 万元。单个密室逃脱如果借助了知名 IP 品牌，对顾客会有更高的吸引力；但如果要从头开始打造品牌，就得考虑多方面布局，扩大品牌效应。

奥秘之家成立于 2012 年，公司深耕推理解谜内容领域，是中国较早从事解谜游戏策划和运营的企业之一。至今，公司累计开发了 40 余款实景密室逃脱游戏和 4 款互动实体解谜游戏，包括《双城记》《北京地铁逃脱》《侦探笔记》《谜宫》等。奥秘之家成立早期，主要从事线下实体密室逃脱店的设计运营；2017 年，奥秘之家开始尝试用实体解谜游戏形式，突破传统密室模式的空间利用和坪效瓶颈；2018 年，奥秘之家开始和知名 IP 合作，打造爆款实体互动解谜内容产品。

据测算，奥秘之家每一个标准配置分店项目会设立 4～6 个主题密室，人均消费为 80～100 元，人数为 6～8 人，单店月利润一般为 60 万～100 万元。但线下实体密室坪效很有限，游戏场次、参与人数都有明确的上限。围绕这个缺陷，奥秘之家一直在尝试突破场地限制，进行产品和商业模式创新。

2018 年下半年，奥秘之家与故宫出版社共同研发了“实体书籍+解谜游戏+线上 App 玩法”的故宫首款互动解谜游戏书——《谜宫·如意琳琅图籍》。2019 年，奥秘之家获得迪士尼授权，耗时 5 个月研发，推出了互动解谜游戏书《漫威：绝密档案》，在该解密游戏中，包含近 50 件档案和道具，玩家可以化身为一名神盾局特工，与超级英雄并肩作战，化解世界危机。2019 年年初，奥秘之家上线了文字冒险解谜游戏 App“谜案馆”，目前该 App 承载的功能有把实物书籍的流量沉淀至线上、提供创作工具赋能解谜游戏创作者、规模化获取线上用户等。如今，奥秘之家已形成了融合“无边界密室+实体衍生品+线上推理解谜游戏平台”的融合式商业形态。

最后，密室逃脱与商业购物中心加深内容合作，扩大边界到整个购物中心，让顾客边购物边体验娱乐项目。密室逃脱沉浸式娱乐项目不仅为商场带来人气流量，还能够突破密室逃脱的空间边界，探索与商场联合打造沉浸式娱乐项目。密室逃脱运营商融合文创 IP、线下沉浸式体验、解谜、声光电影和科技工具手段，将故事情节借助室内寻宝拓展的方式，让顾客从密室逃脱某个起点出发，融入以整个商场为解密舞台的沉浸式娱乐项目中。密室逃脱线下娱乐项目仅靠项目物理空间产生的营收效能是有限的，运营商要想办法利用商场空间和品牌本身来传播自身品牌。

随着时间的推移，商场的密室脱逃项目热度有所下降，为商场带来的人流量也很有限。目前，密室逃脱面临着以下经营模式上的挑战。

首先，同质化严重，内容类型单一。根据某咨询机构对密室逃脱项目的调查统计，从采样的密室逃脱项目数据来看，目前市面上的产品类型，根据密室逃脱的内容划分，主要包括盗墓类、谍战类、科幻类、悬疑类、奇幻类、越狱类和侦探类。

密室逃脱因为场地空间有限，互动内容和空间结构比较单一。聪明的顾客在体验过一次之后，成功解出谜题的顾客很可能不会再次光临，因此造成了一部分顾客的流失。

此外，运营商考虑到顾客追求刺激的心理，密室逃脱中悬疑科幻的剧情内容占所有密室逃脱项目的比例远远高于其他剧情内容的密室，从而导致目前密室逃脱产品缺乏多样性，目标顾客进一步缩减。同时，密室逃脱项目一般不适合老人和孩童，进一步缩减了密室逃脱的总顾客量。

其次，空间及内容投入成本高，进而推动票价提高。为了给顾客带来更好的体验，密室逃脱开始在空间总面积、内容、场景、NPC（非玩家角色）和道具上做文章，这些都是密室逃脱的成本。商场租金提升、扮演 NPC 的工作人员工资上涨，导致密室逃脱运营成本明显增加；而为了追求更好的内容，密室逃脱在 IP 开发和故事设计、场景布置及道具购买上不惜花费大量资金。据一家密室逃脱老板介绍，密室里的道具大多是进口的，一个道具的成本超过万元。密室逃脱老板为提升顾客的体验付出了很多，就是为了追求逼真的沉浸式体验。而顾客可能仅在这个场景停留一下就离开了，导致这些高成本布置的场景没有发挥其应有的商业价值。

项目投入成本持续升高，推动了密室逃脱票价的上涨。2015 年，密室逃脱项目的价格为 50～60 元每人，而 2019 年，二、三线城市的密室逃脱项目的价格已近百元，而北京、上海等一线城市的密室逃脱项目，单次体验票价则高达 600～800 元，这个费用等于在购物中心内购买一件衬衣、享受一餐美食，外加观赏一场电影的开销总和。与现在商业空间内的其他人气娱乐项目（如 KTV、3D/4D 电影院等）的票价呈降低趋势相比，如果不是组团去娱乐或者企业组织员工团建，密室逃脱项目对个人消费者的吸引力实际上会被高价格减弱。

最后，密室逃脱依然属于小众娱乐。密室逃脱的顾客针对的是年轻人，它不是一项老少皆宜的娱乐项目。密室逃脱项目在市场上缺乏宣传，缺乏在密室爱好者群体内口碑传播。如果一些密室项目借助热度高的电影和小说 IP，推出对应内容的主题密室，就会吸引电影、小说等文创内容的爱好者。这些影迷、书迷带着美好的想象，把自己化身为文创作品中的人物，沉浸在故事的场景中，享受成为主角的感觉。但是，这其实对密室逃脱的场景设计和氛围营造要求很高，如果不符合顾客心中的舞台，顾客就不会再次光顾。

密室逃脱娱乐空间主要以引人入胜的剧情内容和精心设计的谜题来提升顾客体验，作为密室逃脱项目运营商要努力克服各项挑战，提高项目的可持续经营能力。

【案例分析】

密室逃脱沉浸式娱乐项目是一个综合了多种娱乐活动优点的产物：首先，密室逃脱有电影的性质，可以用多种手段和剧情来表现故事；其次，这是一个综合了游戏、角色扮演、体育竞技、智力比拼及协同团建等娱乐功能的项目，考验了顾客的智力、耐力以及良好的团队协作力。顾客在参与游戏的过程中，通过真实的移动，锻炼了身体；在密室逃脱中加入了办公通信、智能设备、VR、AR等新技术，能够给顾客带来愉悦体验。在多重体验满足下，密室逃脱沉浸式娱乐项目广受追求刺激、挑战、冒险的顾客的欢迎。

要想为顾客提供多重体验，就需要密室逃脱沉浸式娱乐项目策划落地团队具备竞争力和创造力。密室机关的设计、装修包含了高精密、高科技设备及工艺，除此之外，该项目的主题设计、选址、运营需要大批人才，因此设计一间密室需要数十人的团队，以及3到6个月的工期，对资金的要求也比较高。同时，密室逃脱中游戏规则的设计需要充分考虑顾客参与项目过程中的安全性，严格避免出现安全隐患。

此外，密室逃脱沉浸式娱乐项目的空间和内容有限，顾客参与一两次后就会熟悉所有内容，容易失去新鲜感。密室逃脱项目不能只做玩家的“一次性消费”，运营商要保持顾客寻求方面的危机意识，重视项目品牌口碑。口碑效应做好了，不仅可以拓展新顾客，也可以带来回头客。另外，吸引顾客的核心是设计出好的解谜内容，并不断创新升级，增加新的互动内容；甚至在一定周期内（如每年），在平衡成本收益的基础上，还要更换室内主题，以提高项目的吸引力。

未来，密室逃脱沉浸式娱乐项目依然能够吸引一批年轻顾客，对商业空间也会产生人气集聚效应。但项目运营商要想吸引“见多识广”、要求越来越高的各类顾客，还需要真正打造“沉浸式”的顾客体验——更逼真的道具和场景设计，更新颖的科技与非科技互动手段，更引人入胜的故事剧情，这些都是密室逃脱项目需要解决的现实问题。

密室逃脱沉浸式娱乐项目的运营模式如图 4-10 所示。

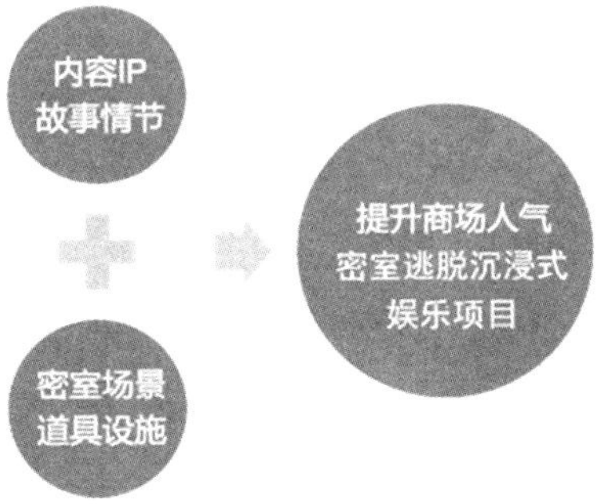

图 4-10　密室逃脱沉浸式娱乐项目的运营模式

4.11　注重细节：商场卫生间很重要

卫生间对人类有多重要？这个问题毋庸置疑。学术界研究者曾严谨地利用科学论据回答过这个问题。

根据 2007 年《英国医学杂志》的统计调查，过去 200 年中，医学界的最大里程碑，既不是青霉素也不是避孕药，而是现代“卫生设备”。在 19 世纪排污设备很差的伦敦，有一半的婴幼儿夭折；当拥有了厕所、排污系统以及人们习惯了用肥皂洗手后，儿童的死亡率降低了 1/5。这是英国历史上儿童死亡率降幅最大的一次。

由此，哈佛大学遗传学家加利·拉夫昆认为，在延长人类寿命的诸多因素中，卫生间是最大的变量，现代公共卫生设施使人类的平均寿命延长了 20 年。拥有良好卫生设施的人患病的概率较小，请假误工的时间也较少，因此他们的医疗支出也就相对较少。

有研究数据显示，在卫生设施方面每投入 1 美元，在节省医疗费用和提高生产力方面平均能得到 7 美元的回报[①]。早在 1875 年，英国伯明翰的市长约瑟夫·张伯伦就曾说过，由可预防疾病所引起的矿工和医疗费用每年高达 54 000 英镑，是修建卫生设施费用的二到三倍。

甚至有人得出“卫生间就是人类文明的晴雨表；一个社会如何处理粪便可以反映出它如何对待自己的公民”的结论，这并不无道理。想象一下，你长时间逛商场，可以不买衣服、不吃饭、不喝水，但是你不太可能强忍着不上卫生间。

谈到卫生间的卫生设施，不得不提日本。日本人以注重细节改善著称，其重视卫生设施清洁的习惯全球闻名。随着日本观光客越来越多，日本开始推行“观光立国”政策，各大旅游热门地点大力翻新卫生间。日本的“卫生间翻新”有 5 大特点：全马桶化、智能化、多功能、多语言、便于维护。日本商场内的卫生间更是以细节

---

① 四以闲人. 厕所：人类生命史上最伟大的发明. 经济观察报书评，2017-10-25. https://xw.qq.com/cmsid/20171024A0GIFV.

为“王”，让人们在放松自我的时候，也能享受到来自商场的关怀。走进日本的一座奥特莱斯，可以看到各种功能的卫生间，包括男女卫生间、儿童卫生间、残疾人卫生间、母婴室、化妆台等。

女卫生间内有化妆专用台，主要是为了分流人群。让女顾客在方便之后，不用在洗手池旁边对着镜子化妆，因而不会造成洗手池前排起长队、影响顾客体验。儿童便池和低矮小型洗手池一般安置在女卫生间里，因为一般是由妈妈带着孩子去方便。另外，在卫生间隔间墙上安置着婴儿固定座椅，可以让婴儿安坐在其中，并保持与妈妈面对面的方向，减少婴儿看不到妈妈的慌张，方便妈妈逗婴儿，稳定婴儿的情绪。女性的卫生巾用品可以扔到旁边的密闭垃圾桶里，并且不用手就可以打开盖子，防止手弄脏。座便旁边有一个折叠靠在墙上的平台，放下展开后就是一个可以供顾客换衣服时放衣服用的台子。

残疾人卫生间里所有清洁器具的高度都是按照轮椅的高度来设计的，让坐轮椅的顾客在洗手、烘干手时不会感到不方便，体现出商场对行动不方便的人士的人文关怀。无论男卫生间还是女卫生间里，洗手池都配有扶手，帮助顾客提高稳定性，防止因为地面湿滑而跌倒。日本人大多很腼腆，因此在便池旁边配备着电子音乐播放器，之前只在女卫生间便池旁安装了，防止女顾客在如厕的时候，因为担心发出声响被旁边隔间的人听到而放不开，造成不通畅；但是后来发现男顾客也有这个问题，所以现在在男卫生间的便池旁边也安装了同样的电子音乐播放器。只要按下按钮，音乐就响起来了，音乐消除了如厕声响给顾客带来的压力，让顾客可以以自由放松的姿态如厕。

对商业空间运营商而言，商场运营管理质量的好坏不仅在于商场的整体设计、招商引资和营销推广，更在于卫生间的管理水平。卫生间已经不仅是满足顾客生理应急的场所，从卫生间到梳妆室，再到母婴室，顾客能够从其中得到越来越多的便利化体验。甚至有的企业敏锐地捕捉到商场卫生间是商场对顾客表达人文关怀的一个差异化竞争点，于是将商业空间的卫生间区域策划、设计和改善作为自己的主营业务，为商场打造充满人文关怀和美好体验的顾客放飞自我的私密放松空间。

WeCare WC 就是这样的一家公司，公司主页介绍这是一家专业的设计工作室+零售户外广告与媒体科技公司，然后加上一行表示重点的红字：旨在改变公共卫生间和配套设施的现状。WeCare WC 的主营业务是设计、建造各式各样的卫生间及相关设施，以满足客户不同的需求，业务十分专注。

WeCare WC 不仅秉承着“每个人都值得拥有一个洁净的空间来放松自我”的理念，更把卫生间这块商场附加功能的价值发挥到了极致。例如，WeCare WC 与艺术美学购物综合体 K11 合作，在艺术美感浓郁的 K11 开设了一个 WeCare WC 功能展厅，位置在上海 K11 购物艺术中心 B3 层，对顾客免费开放。

说是功能展厅，其实也是一间卫生间。走进这个空间，就能看到 WeCare WC+K11 的 Logo，在纯白的墙面底色下，洁净显眼。WeCare WC 在功能上与普通 WC 并无区别，空间分男卫生间、女卫生间及母婴室。但是在这个空间里，WeCare WC 将艺术设计和先进科技融入此空间中，提升了顾客的体验。例如，母婴室的隔间内部灯光为感应式，隔间门一推开，照明灯就会自动点亮，解决了抱着孩子的母亲脱不出手开灯的麻烦。母婴室洗手池安装的是戴森干手器及电子感应出水口二合一龙头，据说这个龙头价格不菲。母婴操作台上有一个看似坚固充满质感，但实际为软包的婴儿尿布台，左侧是带加热和保温功能的湿巾盒。卫生间里就连挂在墙壁上的卷筒纸盒都科技感十足，外观像充满质感的电子播放器。另外，还有很多光与影的内部设计细节，都是精心打造的。

卫生间功能升级不仅能通过优质设计满足顾客的精神需求，其内容还能升级为“艺术走廊”。日本厨房卫浴器具制造商 TOTO 公司与成田国际机场合作打造的主题卫生间“GALLERY TOTO”，是 TOTO 场景式营销的教科书式案例，走进这个卫生间甚至会让顾客产生一种到了一个艺术展览空间的错觉。

在机场，这种公共设施有各种各样的限制，但成田国际机场对“GALLERY TOTO”提出的要求是“能让人愉快舒适使用的卫生间”。于是，设计团队经过思考之后，提出了“乍看不像卫生间，每个单间里的设计各不相同的展廊式的空间”方案——每个单间里的布局各异，风格不一，可以说是在设计展厅了。所有单间、墙纸、布局和安装的便器的设计都是不一样的。此外，GALLERY TOTO 强化了整体环境的宁静度，于细微处见真功夫，重新定义了机场马桶的概念。

如果你以为这只是一间美丽的可以与艺术空间相媲美的卫生间，你就太小看这个展示空间了。在这个空间内，配置着 TOTO

百年研发的先进科技。例如，为了节约冲洗便池的水资源，在男性用的小便池，TOTO 已经掌握了感知每次的尿量，据此来决定冲洗水量的技术了。在还没有用少量的水高效冲洗的方法时，小便池一次冲洗需要 4 升水，但研发了少量水也能冲洗干净便池的技术后，现在每次用 1.2 升的水就可以将小便池冲洗干净了。生产商在节约用水这个事情上把顾客体验做到了极致。

其实，从深层次考虑，卫生间对于商场还有别的商业附加价值。顾客可以不去光顾某家店铺，但是不能不去上卫生间。卫生间是一个放松空间，展示的并非只有艺术设计美感，也可以赋予其别的展示内容。

2017 年 10 月，天津大悦城携手可口可乐共同打造了“你的在乎，它的微笑”江豚主题卫生间。在一片湛蓝色投影中，江豚主题卫生间采用裸眼 3D 地贴和全墙手绘，制造出栩栩如生的水流浪花和畅游其中的江豚。走进卫生间如同步入神秘的海底世界，随处可见天生自带微笑的可爱江豚游到你身旁，全息投影技术让人们有机会和江豚近距离接触。该项目将 AR 技术运用起来，顾客可以通过手机屏幕与 AR 效果的江豚互动，同步实现 AR 全景导航。

如今，商场都在追求差异化、体验化和场景化。商场的内容升级、服务升级和场景升级都在白热化竞争中持续发生。其实，卫生间升级本质上也是一种商场服务的升级，甚至是满足顾客刚性需求的商场服务升级。

【案例分析】

未来的购物中心，不再拼空间中品牌等级及品牌数量，购物中心真正拼的是服务、设施，以及更贴近顾客所想要的企划创意及商品组合，拼的是如何带来更好的消费体验，并让购物中心内的顾客真正实现情感的释放。

有人说卫生间是顾客的刚性需求，但运营商往往忽视了卫生间其实是一种商业服务，也忽视了卫生间带来的服务体验附加价值。卫生间空间不大，顾客使用卫生间的目的非常明确，但是就是这个有限的空间，也能做出一些差异化竞争的文章。整栋商业空间中，你找遍所有的地方，再也找不到比卫生间这样无法让不同年龄、不同性别、不同喜好的顾客都无法抗拒的地方了。

商场的卫生间是公用的，在对卫生间（公共厕所）基本使用要求上，国家已出台相关标准：《CJJ14—87 城市公共厕所规划和设计标准》与《GB/T 17217—1998 城市公共厕所卫生标准》。标准中界定公共厕所环境舒适度体验要求是：通过使用者的行为和知觉，体验和判断环境对使用个体的功能满足和精神满足的量，有行为满足的体验，也有视觉、听觉、嗅觉、触觉等感知觉的精神体验，主要包括生理功能的满足、安全卫生的满足、知觉体验的满足、心理需求的满足、环境风貌的满足、区域文化的满足等。

顾客对卫生间的需求痛点显而易见，将卫生间环境设计得赏心悦目，或通过提供周到的服务、舒适便捷的卫生间设备使用体验，让顾客舒服地方便一下，也许就能解决商场空间内大手笔投入改造都无法解决的“如何提升顾客的好感度”这个问题。有谁会抗拒一座干净、舒适、明亮、体验好的商场卫生间呢？对商场的信任度和安全感也会因为卫生间体验的舒适度而提升。信任度提升了，顾客在商场的购物时间就会延长，从而也会提升顾客在商场的消费，促进商场营收的提升。

商场卫生间推动商场整体体验模式如图 4-11 所示。

图 4-11　商场卫生间推动商场整体体验模式

4.12　少走弯路：跨越企业商业空间创新升级误区

误区 1：在现有线下门店的基础上，企业开通线上商城，就能够开辟新的市场及吸引新客户

企业在布局多个线下空间之后，认为只要组建 IT 线上团队，开通线上商城，就能开辟新市场，进而吸引新客户在线上消费，实现企业营收提升。线上商城对线下客户而言，是一个陌生的购物渠道。同时，线上商城是互联网电商平台，其运营策略和引入客户流量模式与线下空间运营存在差异。线下空间是传统产品销售空间，如果线上的流量无法转化为下单付费的客流，那么还是无法通过商业空间的线上升级而实现营业收入提升。某大型商业综合体开发商在国内经营多年，其品牌商业综合体遍布全国，在

互联网转型期，该企业希望通过与一家互联网巨头合作，打造线上购物平台，将全国线下商业综合体的客户流量导入线上购物平台，实现线下客户的价值再次挖掘，提升企业利润。由于该企业线下商业综合体“理论”流量是巨大的，因此这个商业模式一经提出，立刻获得了数十亿元的资金支持，然而经过 2 年的运作，该项目以失败而告终。其线下综合体的客户流量会导入线上购物平台的假设不成立，因为逛商场的客户已经实现了自己的购物休闲需求，不会再去线上平台购物。

跨越误区：企业要开通线上购物渠道，不能完全以互联网的流量模式去制定企业的运作模式，要打通线下线上的信息流，打造一个低成本、高效率的定制化、个性化零售。企业应从这个角度出发，打通企业内部营销、服务、客户维护、活动咨询等营销环节，打破线下商业空间与客户之间的信息不对称屏障。借助线上渠道，企业可以促进品牌影响力的传播，更好地开展精细化客户服务。

误区 2：商业空间运营商一味地追求先进的空间发展模式、时尚的空间建筑设计及优美的园林绿化环境，忽略了入驻商业空间商家的需求

空间发展模式和空间环境营造毋庸置疑是商业空间运营的重点考虑因素。一些商业空间运营商不惜投入大量的人力、物力及财力在空间发展模式及空间外表打造上。某商业空间负责人提出的发展模式，充满了“新奇特”商业词汇，想要构建高级复杂的商业模型。在商业空间外表打造上，商业空间负责人邀请欧美知名建筑设计师和园艺设计师来改造空间建筑及园区。经过改造的园区让人赏心悦目，但商业空间负责人忽略了入驻商家的需求。某个产业园区的发展模式提出了“六维”发展模型，根据欧美标准打造出一流的办公环境。办公楼内部装修风格是欧美风，办公设备采购自宜家家居，娱乐设施一应俱全。但该产业园区运营了一段时间后，发现入驻的商家满租后续租率下降。经过走访调研发现，原来是该商业空间的物业管理效率低下，商家将需要反馈给产业园区运营商后，长时间问题得不到解决，最终导致入驻商家纷纷撤离。

跨越误区：商业空间是商家开展业务的载体，运营商应重视商家的需求。如果只有美丽的外表，基本功能都满足不了，甚至会阻碍入驻商家业务的开展，这样的商业空间是无法持续发展的。商业空间运营商要认识到生产要素保障、空间运营服务及商家维护服务也是商业空间吸引商家的重要因素。

误区 3：商业空间创新升级就是空间业态腾换变更

面对商业空间业务挑战的提升，一些空间运营商将空间创新升级的工作重点放在入驻商家业态的调整上，甚至寄希望于引入一两家“明星”品牌入驻空间，带动商业空间对其他商家的吸引力。某联合办公空间调整内部入驻商家结构后，成功吸引到一两家知名品牌的分公司入驻。但是由于在经营期内空间运营商多次调整空间业态结构，导致入驻商家对该空间的定位产生了模糊不清的感受。此外，空间内部业态调整后，由于不同业态在客户招商、服务维护、经营管理上存在差异，导致经营团队适应变化时间长，经营效率降低、空间整体营收下降。

跨越误区：商业空间运营商要想对商业空间进行创新升级，要优先对存量入驻商家进行诊断，进行的诊断必须是全方位的；在诊断中，挖掘问题、发现未满足的商家需求、复盘思考自身在运营中的不足。做好上述工作后，空间运营商再去思考是否要在空间业态上做创新调整。空间运营商不要盲目引入知名品牌，不能只考虑对商业空间人气的提升，而是要换位思考不同商家在需求上的差异，合理制定招商方案。

误区 4：企业用快闪店在营销中赢得了大量客户关注，因单个快闪店销量很高，企业试图将快闪店打造成持续产生营收的项目

与传统零售店相比，快闪店往往开店时间短，通过抓住客户对新事物的好奇感，以脑洞大开的创意，短时间内快速落地，通过事件营销制造舆论热点，以达到企业品牌快速传播的目的。快闪店受众对象以年轻人为主，选址大多集中在一、二线城市人流量大的核心商圈。有的企业看到快闪店在短时间内吸引了大量人气，能够产生很高的销量，就认为快闪店的模式能够成为持续产生营收的项目，于是复制快闪店的模式在各地开店，但结果往往不理想。某跨国知名企业看到快闪店产生的高客流量和单店销售额，决定在全球开设近百家快闪店，将快闪店从一个营销活动，创新式地孵化成企业的一种营收业务。但在运作两三年后，快闪店因为其短期内制造新闻爆点的属性，以及快闪店面积小、售卖商品有限，对客户来说并非持续购物的好去处，长期位于一个固定地点就是一种摊位。当事件营销的新鲜感退去之后，单个快闪店的营收快速下降，甚至无人问津，该企业只好关闭了所有快闪店。

跨越误区：企业看到快闪店作为事件营销能够吸引大量的人气，单店的商品因为其充满趣味和限量发售等因素，销量比正常门店高，就认为快闪店可以作为持续发展的项目，其实是企业对客户的心理掌握不足。快闪店依靠的是客户“猎奇”“冒险”及“物以稀为贵”的心理，客户因为好奇，所以产生短期围观和抢购的行为，当客户对快闪店熟悉后，就很可能不再光顾快闪店了。企业要想持续地激发客户对商业空间的兴趣是不能仅依靠短期的营销噱头的。

误区 5：在商业购物中心内增设一些体验空间（如艺术展厅、书店、咖啡厅、室内花园等），就会提升客户体验

有的商业购物中心为了顺应体验消费的趋势，于是在空间给客户带来的体验创新升级上做文章。购物中心运营商投入大量资金，在空间内增设了丰富多彩的体验空间，包括艺术展厅、书店、咖啡厅、室内花园等。购物中心运营商希望用这些大大小小独立的体验空间，来提升购物中心的商业空间体验氛围。某商业中心经过创新升级，引入了大量知名的品牌体验空间，想利用“网红”空间效应打造商业空间体验氛围、吸引人气。表面上看起来体验氛围十足，可实际上客户进入空间后体验并不佳。客户在网红咖啡店光顾之后，很少有人再进入隔壁的知名奶茶店，最后也没有提升客户的消费意愿和商业营收。

跨越误区：商业空间机械地堆砌各类“体验空间”，但是没有形成完整的体验感，这样的体验营造是不充分的。环境氛围和设施都只是体验型商业空间的必要条件，只有真正改善商业空间的消费场景、氛围和客户服务，给客户带来完整的体验感，才能提升客户的消费意愿。

漫说创新：企业商业空间创新升级力

后　记

感谢您读到这里，此时本书已经接近尾声了。

本书从调研、策划、构思、撰写到出版，历时 18 个月。笔者从本书选题出现在脑海中开始，每周都会针对一个企业组织、产品及商业空间的细分话题，开展信息搜集与分析、编写案例及案例分析。在创作本书的日子里，笔者既有构思和行文如泉水涌现般奋笔疾书的时候，也有搜集和阅读分析大量资料，深挖提炼其中思路、观点和论据，与本书主题结合的反复斟酌提炼的时候。为了让本书中的企业创新升级方法论对企业真正地产生参考价值，所选取的案例对企业真正有借鉴意义，笔者在编写期间，反复修改内容：对提纲不满意，修改；对章节安排不满意，修改；对内容不满意，修改。回忆这一年半的写书历程，仿佛就发生在昨天。

不知不觉，这已经是笔者的第四本关于企业创新咨询主题的书了。2019 年 4 月，在完成第三本书——《精益获客：引爆用户增长的战略与方法》（2019 年 9 月已上市）的书稿并将完整的书稿发给出版社编辑之后，笔者在如释重负的同时也开始思考：企业创新升级题材非常大，企业创新管理理论非常多，企业创新升级要从哪些主要工作环节切入；企业单个工作环节开展创新工作之后，其他环节是否需要协同创新；未来一段时间内，适合企业参考的创新案例有哪些？这些问题的答案让企业创新升级不再抽象。最后，笔者通过梳理每周积累的案例，将本书关注的议题锁定在企业运营三大核心因素——组织、产品及商业空间上。

这些年，笔者在工作和创作之余，持续与各个领域的企业创新部门及初创企业保持沟通。从 2018 年年底开始，通过自身观察、信息收集和对企业的访谈，笔者发现：企业在比之前更积极地寻求创新升级的方法。一方面，企业投资趋于冷静、银行金融贷款收紧、贸易战等环境让企业感受到“冬天的寒意”，闭店潮、出口转内销等纷纷成了热词；另一方面，“新世代”客户群体逐渐成为市场主要消费力量，他们追求多元化、个性化和消费升级，让企业感受到了企业组织、产品及商业空间创新升级的紧迫性。然而，创新落地并非易事。例如，一个世界五百强集团中国总部想开设全国创新中心，中心建设提案得到了包括董事长在内的高管们的支持，在实际组建和运作过程中却遇到各种挑战。其中，创新中心的每一项工作的计划都要层层上报给总部审批，审批周期是 6～12 个月，最终创新中心工作举步维艰，形同虚设。再如，近几年创新创业市场上，各个企业推出的创新模式层出不穷，最终因为无法实现盈利，申请破产的不在少数。因此，站在企业创新咨询的角度，为企业提供一些能够促进企业价值转化的创新升级方法论和落地参考案例，成为本书的主题。

本书力求让读者洞悉企业组织、产品及商业空间创新升级的基本方法和实战经验，以及企业创新升级时的误区规避建议。希望能够帮助本书的读者跨越其企业创新升级过程中的各项挑战。

写作是一个系统梳理的过程，是对工作思路和语言重新组织和再加工的过程。这个过程能够激发笔者不断思考，也能明显提升自己与社会热点、新资讯的连接能力。通过编写本书，笔者对企业创新升级的方法论和具体实践策略有了更深的认识。为了写作本书，通过调研和采访，笔者接触到各类企业及企业人士的实际获客案例，也切身体会到企业创新升级从产生想法到落地，是多么不容易。企业创新升级需要克服企业内部和外部的种种挑战，还要有独到的眼光和创新思路，各方协同高效执行，这样才能够真正落地。企业组织、产品及商业空间上再小的创新升级举措都值得尊重。

最后，衷心感谢您购买与阅读本书。笔者真心希望本书能够助力正在阅读此书的您，让企业创新升级工作更顺畅、更有效，最终实现企业价值与利润的持续增长。

汤历漫